Gebrauchsanweisung
für Salzburg und das Salzburger Land

Adrian Seidelbast

Gebrauchsanweisung für Salzburg und das Salzburger Land

Piper München Zürich

ISBN-13: 978-3-492-27548-4
ISBN-10: 3-492-27548-6

Karte: cartomedia, Karlsruhe
Gesamtherstellung: Clausen & Bosse, Leck
Printed in Germany

www.piper.de

Inhalt

DEUTSCHLAND
OBERÖSTERREICH
Salzach
Flachgau
Ager
Alm
Chiemsee
Wallersee
Gmunden
Kapuzinerberg
636 m
Mondsee
Attersee
BAYERN
Salzburg
Faistenau
St. Gilgen
Traun
Traunsee
Bad Reichenhall
Hintersee
Almsee
Salzkammergut
Bad Ischl
Wolfgang-
see
Altausseer
See
Ausseer
Land
Hallein
Tennengau
Berchtesgaden
Hallstätter
See
TIROL
Salzach
Tennengebirge
Dachstein
Werfen
Hochkönig
2941 m
ÖSTERREICH
Pongau
Ramsau
Enns
Radstadt
Schladming
Zell am See
SALZBURG
Wagrain
Flachau
STEIERMARK
Zeller See
Schladminger Tauern
Bramberg
Mittersill
Zauchensee
Großarltal
Salzach
Rauris
Kaprun
Dorfgastein
Rauriser Ache
Niedere Tauern
Pinzgau
Kitzsteinhorn
3203 m
Hohe Tauern
Bad Hofgastein
Lungau
Tamsweg
Großvenediger
3674 m
Badgastein
Mur
Großglockner
3798 m
Heiligenblut
Matrei
KÄRNTEN
OSTTIROL

Jedermann trifft Lady Di oder Das Wesen der Festspiele

»In der Nicht-Saison ist Salzburg, wie jedermann weiß, bezaubernd. Jetzt ist Saison.« Alfred Polgar

Das soll Salzburg sein? Haufenweise Steine, Pflastersteine, Ziegelsteine, auch jede Menge von prächtigen Marmorquadern, gewiß – aber dazwischen überall Gras. Als der Komponist Franz Schubert 1825, Mozart ist da längst tot, aus der brodelnden Weltmetropole Wien in die Stadt an der Salzach kommt, bemerkt er zweierlei: die »unaussprechliche Schönheit« Salzburgs zum einen, und zum anderen die fast unheimliche Stille, die hier herrscht. Nicht nur viele Salzburger Häuser stünden leer, schreibt der verblüffte Schubert seinem Bruder, sondern auch die meisten Plätze der Stadt: »Zwischen den Pflastersteinen wächst Gras, so wenig werden sie betreten.«

Wer heute versucht, sich während der Festspielsaison mühsam einen Weg durch die Salzburger Getreidegasse oder durch das Touristengewimmel auf den Plätzen der Altstadt zu bahnen, kann angesichts dieses Briefes nur zu einem Schluß kommen: Der Schubert spinnt! Außerdem wird er einfach die falsche Jahreszeit für seine Salzburg-Visite erwischt haben, oder auch nur die falsche Tageszeit, halb vier Uhr früh womöglich, nach einem ausgiebigen Weingelage; da kann einer leicht sogar mitten in Salzburg das Gras wachsen sehen...

Und doch ist Schuberts merkwürdiges Salzburg-Erlebnis kein Einzelfall. Ein anderer Wiener Besucher, der schriftstellernde Arzt Josef Schulte, zeichnete zwanzig Jahre vorher exakt das gleiche Bild von Salzburg: »Stille und Öde auf den Hauptplätzen der Stadt; Gras, das vor den Palästen zwischen den Quadersteinen des Pflasters hervorwächst.«

Heute meldet das Salzburger Fremdenverkehrsamt stolz mehr als 1,8 Millionen Übernachtungen jährlich; im Jahr 2006, wenn die Stadt den 250.Geburtstag ihres berühmtesten Sohnes Wolfgang Amadeus feiert, soll die Zweimillionengrenze möglichst deutlich überschritten werden. Eben dort, wo die Touristen des vorletzten Jahrhunderts die große Stille verspürten, führen 130 staatlich konzessionierte Fremdenführer Jahr für Jahr 800000 Neugierige durch die Straßen. Fast eine halbe Milliarde Euro setzt allein die Tourismusindustrie der Stadt Salzburg pro Jahr um, vom Umland ganz zu schweigen. Und die amtliche Tourismuswerbung jubelt: »Salzburg ist nicht nur die Stadt der Festspiele und ein Treffpunkt für Größen aus Film und Fernsehen, sondern auch ein einzigartiges Einkaufszentrum.«

Da haben wir es bereits, das permanente Salzburger Dilemma: Ein Teil der Besucher, wenn auch möglicherweise der kleinere, wünscht sich nichts so sehr zurück wie die alten Zeiten, um sich in aller Ruhe der Schönheit dieser Stadt, der nahezu unglaublichen Fülle ihrer Sehenswürdigkeiten widmen zu können. Die anderen Touristen, denkt er (wie wir kulturell interessierten Entspannungstouristen halt so denken), können ihm dabei getrost gestohlen bleiben. Der andere Teil aber kommt gerade hierher, weil auch alle anderen kommen, weil hier also garantiert etwas los ist.

Wem soll man es da recht machen? Da trifft es sich, daß die Salzburger Festspiele so gut wie alle Bühnenkünste umfassend präsentieren – bis auf eine: das Ballett. Dafür sind hier nicht die Künstler zuständig, sondern die Politiker und die Fremdenverkehrsfunktionäre. Und zumindest in der Kunst des Spagats haben die es nach mittlerweile hundertjähriger Übung bemerkenswert weit gebracht. Ohne eine Miene zu verziehen, kommen sie auch den gegensätzlichsten Ansprüchen ihrer lokalen Wähler wie ihrer internationalen Touristenkundschaft aufs bereitwilligste entgegen, indem sie deren jeweils einem Teil exakt das versprechen, was der jeweils andere um keinen Preis will.

Salzburg soll sich dem Zeitgeist öffnen und sich als moderne Metropole präsentieren? Aber gerne, der städtische Flughafen heißt eh schon Airport, die seit langem leidlich englischsprechenden Busfahrer absolvieren mittlerweile auch eine Elementarausbildung im Japanischen, die unübersichtlich vielen altösterreichischen Arten, im Café einen Kaffee zu bestellen, wurden weitgehend auf die global üblichen drei Grundformen (Espresso, Cappuccino und White Coffee) zurückgeführt. Und auch die Zukunft geht man beherzt an. Marketingspezialisten haben soeben entdeckt, daß es tatsächlich noch die eine oder andere Woche im Kalender gibt, in der kein Event die Aufmerksamkeit der Welt an die Salzach lenkt. Das läßt sich ändern, und das aus gegebenem Anlaß nahezu lückenlos mit Salzburger Hypes zugepflasterte Mozart-Jahr 2006 wird da zweifellos hohe Maßstäbe setzen.

Andererseits aber: Salzburg soll sich der gräßlichen Hektik des Zeitgeists entgegenstellen, sich statt dessen auf seine bodenständigen Traditionen besinnen und im gleichmacherischen Strom des Massentourismus eine Zufluchtsstätte für alle diejenigen bilden, die nicht auf materielle und kulturelle Schnäppchenjagden aus sind, sondern auf individuelles Lebensgefühl und auf Entspannung. Aber ja doch, bittschön; seit vielen Jahren schon setzt die Stadt auf den Trend zum sanften Tourismus. Und die einheimischen Lokalpolitiker kämpfen ohnehin um nichts lieber als um die Bewahrung von Salzburgs Eigenständigkeit und um die Erhaltung, ja wenn möglich sogar die Wiederbelebung gewachsener kultureller Strukturen. Und was schließlich den Zeitgeist betrifft: Bemühen sich nicht sogar die für die Festspiele Verantwortlichen immer wieder um Programme und Künstler, die beherzt Breschen schlagen in den Mainstream der oberflächlichen Konsumgesellschaft?

Kurzum, es ist die Quadratur des Kreises, die die Salzburger sich stets aufs neue zumuten. Die Behauptung, daß ihnen das immer und überall gelingt, wäre übertrieben. Doch immerhin, den Spagat, den Salzburg seinen unzähligen Bewunderern zuliebe vollführt, bringen zur Not und Salzburg zuliebe auch wir Bewunderer noch fertig. Genaugenommen, bleibt uns gar nichts anderes übrig, als auf Schritt und Tritt hingerissen zu sein von dieser Stadt – und oft genug dabei spöttisch den Mund zu verziehen oder gar entsetzt die Hände überm Kopf zusammenzuschlagen angesichts der Eskapaden, die dieses Salzburg sich leistet oder die es seinen Gästen widerstandslos durchgehen läßt.

»Ich war auch in Salzburg«, erzählt uns ein begeisterter Besucher. »Und war auch im *Café Bazar* und trank eine ›Teeschale Kaffee mit Schlag‹, und sah zu, wie der junge Thimig der Lady Diana, der ›Mirakel-Madonna‹, die Hand küßte.« – Wie, das kannten Sie noch nicht, den Beinamen »Mirakel-Madonna« für die selige Lady Diana? Das liegt daran, daß zwar die Salzburger Festspiele einmalig sind, nicht aber die Lady Dianas, die sie besuchen, und nicht die Zaungäste, die die Prominenten bestaunen: Die gerade zitierte Mitteilung stammt aus dem Jahr 1926; sie bildet den Auftakt zu einer Glosse des damals zum Kreis der expressionistischen Avantgarde gehörenden deutschen Schriftstellers Georg Britting. Die Diana, die Britting damals zu Gesicht bekam, hieß mit vollem Namen Lady Diana Manners und darf mit vollem Recht als Vorgängerin, vielleicht sogar als unerreichtes Vorbild der rund siebzig Jahre späteren Lady Di bezeichnet werden. Und, was kaum jemand weiß: Sogar den Spitznamen »Lady Di« hat die spätere Diana von der früheren übernommen.

Diana Manners, jüngste Tochter des Herzogs und der Herzogin von Rutland, galt weltweit nicht nur als schlechthin schönste, sondern auch als eine der gescheitesten und obendrein emanzipiertesten Frauen der zwanziger Jahre. Mit anderen Worten: Diana Manners war *der* Popstar ihrer Zeit, verehrt und bewundert auch in allerhöchsten Kreisen. Sämtliche Junggesellen des europäischen Hochadels waren hinter Lady Diana Manners her, berühmte Schriftsteller wie Evelyn Waugh himmelten sie hoffnungslos an, während sie als Chefredakteurin der Frauenzeitschrift »Femina« sowohl die Adeligen wie die Schriftsteller in ironischen Glossen aufs Korn nahm. Nicht nur ihre Familie hatte auf eine Verlobung der damaligen Lady Diana mit dem damaligen Prince of Wales gehofft. Statt dessen heirate Diana Manners 1920 den Diplomaten Duff Cooper, ohne allerdings deswegen ihr eigenständiges und mitunter ziemlich extravagantes Leben aufzugeben. Übrigens tat das ihrer Gesundheit recht gut: Als die junge Lady Diana Spencer 1981 Prince Charles heiratete, bekam die alte Lady Di – mittlerweile eine Vicounte of Norwich – das noch mit; sie starb erst 1986, im Alter von 96 Jahren.

Wirklich extravagant (wenn auch, was die Höhe der Eintrittspreise angeht, nicht ganz so exklusiv wie heute) waren damals freilich nicht nur manche Gäste, sondern die Salzburger Festspiele selbst. Max Reinhardt, der längst auch international gefeierte Regisseur und Mitgründer der Festspiele, engagierte für seine 1923 am Broadway entstandene Inszenierung seines Stückes ›Das Mirakel‹ – einer Art von vorweggenommenem Musical, in dem die Madonna für einen Ritter in den Zweikampf zieht – die prominente Laiendarstellerin Lady Diana Manners als Madonna, und importierte die bejubelte Aufführung zwei Jahre später nach Salzburg, inklusive der Lady Diana, die dort, hier schließt sich der Kreis, mit Richard Demel nun einen weiteren Dichter zum Kreis ihrer Bewunderer hinzufügte.

Es läßt sich eine Menge lernen aus jener amüsanten Geschichte, nicht nur über die kesse Verbindung von Kultur und PR, die das Image der Festspiele von Beginn an prägte, sondern auch – und jetzt müssen eventuelle Salzburger Leser ganz ganz tapfer sein – darüber, daß es zumindest in den so wichtigen ersten Jahren so gut wie nichts spezifisch Salzburgerisches im Programm der Festspiele gab. Das gilt verblüffenderweise auch für das Drama, das in aller Welt als das Salzburger Originalstück schlechthin gilt: Mit Hugo von Hofmannsthals ›Jedermann‹ wurden, am 22. August 1920, zwar tatsächlich die ersten Salzburger Festspiele eröffnet. Nur handelte es sich dabei keineswegs um die Uraufführung des ›Jedermann‹; genaugenommen konnte, auch wenn die offizielle Festspiel-Chronik davon nichts wissen mag, nicht einmal von einer Neuinszenierung die Rede sein.

Die Wahrheit ist: Der berühmte Salzburger ›Jedermann‹ war damals längst zum Publikumshit in Berlin geworden, wo Reinhardt das »Stück vom Sterben des reichen Mannes« schon 1911 am Deutschen Theater inszeniert und es 1919 für die Aufführung in einer umgebauten Berliner Zirkusarena neu einstudiert hatte. Jene »Zirkus«-Inszenierung war es auch, die Reinhardt dann nach Salzburg mitbrachte, weitgehend unverändert und mit den Hauptdarstellern der Berliner Aufführung, allen voran Alexander Moissi (als damals immer noch prominentester Schauspieler auch so ein Popstar jener Jahre) als Jedermann.

Wir wollen die lange Geschichte der Salzburger Festspiele hier jetzt nicht nacherzählen; wer mag, kann sich in zahlreichen Büchern darüber informieren. Allerdings hat es ziemlich lange gedauert, bis auch jene dunkle Festspielepoche genau untersucht wurde, die nicht erst mit dem Einmarsch der deutschen Naziarmee im Jahr 1938 begann (Max Reinhardt verließ Österreich ahnungsvoll schon im November 1937) und, allem Reden von einer »Stunde Null« zum Trotz, auch mit der deutschen Niederlage 1945 noch nicht völlig zu Ende ging. Wer beispielsweise erfahren will, wie sich die bis heute als Salzburger Pioniere gefeierten Musiker Wilhelm Furtwängler und Richard Strauss 1934 auf Geheiß des deutschen Propagandaministeriums von den Festspielen zurückzogen, um dann 1938 triumphal wiederzukehren, welchen Pressionen der antifaschistische Dirigent Arturo Toscanini, der sich aus Protest gegen Hitler seinerseits aus Bayreuth nach Salzburg gewandt hatte, dort zunehmend ausgesetzt war oder wie vieler Verrenkungen es bedurfte, um nach dem Krieg die vor den Nazis geflohenen Künstler mit deren ehemaligen Günstlingen wieder zusammenzubringen, sollte das 2005 – sozusagen gerade noch rechtzeitig zum Mozart-Jubiläum – erschienene Buch des österreichischen Autors Andreas Novak lesen, das als Titel einen Satz trägt, den François Mauriac 1937 geprägt hat: »Salzburg hört Hitler atmen.« Das stimmte übrigens fast wörtlich: Der Obersalzberg, Hitlers Privatresidenz, liegt ja tatsächlich nur ein paar Steinwürfe entfernt von der Salzburger Grenze.

Und weil wir gerade bei Büchern sind: Einen zugleich kritischen und höchst lebendigen Überblick über Vorgeschichte und Geschichte der Salzburger Festspiele gibt, gewissermaßen als beabsichtigte Nebenwirkung, auch Andres Mürys kleines feines Buch ›Jedermann darf nicht sterben‹, das sich eben nicht nur auf die ›Jedermann‹-Aufführungen von 1919 bis heute konzentriert, sondern auch stets das jeweilige Salzburger Drum und Dran mitkommentiert.

Ja aber, hören wir jetzt die Salzburgfans aus aller Welt fragen, ist denn das Allerwichtigste an den Festspielen nicht die Kunst, und ganz besonders die Musik? Keine Sorge: Auch wenn wir diese Frage allenfalls mit einem herzhaften »Schön wär's!« beantworten würden – wir drücken uns um die Musik schon nicht herum. (Ungeduldige können hier gleich in unserem Mozart-Kapitel weiterlesen.) Ansonsten aber, wie wäre es, wenn wir die Antwort auf die Frage nach dem eigentlichen Wesen der Salzburger Festspiele einer Frau überließen, die es nun wirklich wissen muß, nämlich der langjährigen (und aktuellen) Festspielpräsidentin Helga Rabl-Stadler? Die bringt die Sache so auf den Punkt: »Die Festspiele erzeugen direkt und indirekt einen wirtschaftlichen Nutzen von 160 Millionen Euro. Das Produkt Festspiele stimmt.«

Wir lernen daraus: Auch in der Kunst, zumindest in der Festspielkunst, sind feinsinnige Interpretationsfragen oder hitzige Spielplandiskussionen (Mehr Neues? Oder doch lieber mehr von den alte Meistern?) sehr viel unwichtiger als ökonomische Basisdaten. Nicht Beethoven oder Wagner oder Verdi, ja nicht einmal Mozart heißt deshalb der wahre Überbegriff der Salzburger Festspiele, sondern: Umwegrentabilität. So nennt man das, wenn Leute ihr Geld an einem Ort ausgeben, den sie eigentlich einer ganz anderen Sache zuliebe aufgesucht haben. Wir kennen das alle aus Kaffeeröstereiketten: Man betritt sie, weil einem die Kaffeebohnen ausgegangen sind, und verläßt sie mit einer Sommersteppdecke, einem Handy oder gar einem günstigen Laptop in der Einkaufstasche. Nach exakt diesem Prinzip funktionieren die Salzburger Festspiele, und das ganz ausgezeichnet: Wir auswärtigen Besucher kommen wegen Mozart oder Puccini oder einer zeitgeist-fetzigen Theateraufführung hierher, und geben pro Tag – Opern- und Konzertkarten nicht mitgerechnet! – durchschnittlich rund 220 Euro in Salzburg aus.

Was aber für die Stadt gut ist, kann auch dem ganzen Land Salzburg nicht schaden. Deshalb beschränken sich viele Städte und Gemeinden in den fünf Gauen des Salzburger Landes – Flach-, Tennen-, Pinz-, Pon- und Lungau, wir werden sie alle nach und nach kennenlernen – nicht darauf, touristische Umwege der Salzburger Festspielbesucher auch für sich rentabel zu machen, sondern erfinden nach Herzenslust eigene Festspiele. Nicht immer klappt das so ausgezeichnet wie beim vielleicht kleinsten dieser Salzburger-Land-Festivals, den Neukirchner Sommerfestspielen. Die haben sich in einem Pinzgauer Ort aus den Aktivitäten einer Theatergruppe entwickelt, die sich unter ironischer Anspielung auf ihre überschaubare Größe »m^2-Kulturexpress« nennt.

Es spielen dabei ausschließlich Laiendarsteller, doch mit der Heimattümelei sogenannter »Bauernbühnen«, wie sie auch im Salzburger Land zu Dutzenden auftreten, mag die von Charly Rabanser 1980 gegründete und seither geleitete Truppe ausdrücklich nichts zu tun haben. Statt dessen setzt sie sich in ihren Inszenierungen immer wieder mit der oft genug gefährdeten oder schon gestörten Realität ihrer ländlichen Umwelt auseinander. Mittlerweile stehen 52 Produktionen und fast 900 Aufführungen in der Neukirchner m^2-Bilanz. Und wie die großen Festspiele in Salzburg, haben es die kleinen in Neukirchen dabei mit der lokalen Politik und der einheimischen Geschäftswelt nicht immer ganz leicht gehabt. Als zum Beispiel im Juni 2004 Felix Mitterers höchst kritisches Dorfstück ›Kein Platz für Idioten‹ auf dem Spielplan stand, kam es, wie sich Charly Rabanser erinnert, »zur großen Verstimmung innerhalb der Gemeinde«.

Am Ende haben sich aber wie immer die Wogen geglättet; schließlich wissen die Neukirchner ganz gut, was sie an ihrem immer wieder neues, auch junges Publikum anziehenden Theater haben, und nicht nur sie allein: »Das Land Salzburg ist stolz auf diese wirklich hervorragende Kulturstätte im Pinzgau«, sprach zum 25jährigen m²-Jubiläum der Salzburger Kulturreferent – und der ist doch schon von Berufs wegen ein ausgewiesener Experte in Festspielfragen.

Bevor wir aber jetzt der Versuchung erliegen, uns ausgerechnet auf der Festspielspur weiter in den schönen Pinzgau hineinlocken zu lassen (das mittlerweile hübsch arrivierte Tauriska-Festival im und beim unglücklichen, weil immer wieder von der Salzach überschwemmten Mittersill wäre so eine Verlockung), versuchen wir erst einmal, die kleine Welt- und große Provinzstadt Salzburg ein wenig näher kennenzulernen.

Die prominenteste Gasse der Welt

Wohin auch immer Sie in Salzburg gehen wollen, was immer Sie hier vorhaben, und ganz gleich, ob Sie der Stadt einen mehrtägigen Besuch oder nur eine halbtägige Stippvisite widmen: An der Getreidegasse, die (wenn auch unter wechselnden offiziellen Straßennamen) das gesamte historische Stadtzentrum zwischen Hohensalzburg und Salzach in West-Ost-Richtung durchquert, führt kein Weg vorbei. Weil auch die Salzburger Geschäftsleute wissen, daß ihnen hier kein einziger Tourist auskommt, präsentieren sich die beiden Seiten der schmalen Getreidegasse als buchstäblich lückenloses Spalier von Läden, Restaurants, Cafés und Mini-Museen wie Mozarts Geburtshaus, auf das wir später zu sprechen kommen werden, oder einem Wachsfigurenkabinett, von dem wir ausdrücklich nicht reden wollen – seine belanglosen Exponate sind den Besuch (und schon gar die hohen Eintrittspreise) nicht wert.

Zugegeben, eine derartige Dichte von Konsuminstitutionen auf so engem Raum trifft man so schnell nicht wieder. Sie werden so gut wie keinen Salzburg-Führer finden, der die Getreidegasse nicht als »Einkaufsparadies« oder dergleichen bezeichnet. Infolgedessen ist die Getreidegasse, Domplatz hin, Hohensalzburg her, für Massen von Touristen (um nicht zu sagen: für Massentouristen) zur eigentlichen Hauptattraktion Salzburgs geworden: Nicht mehr ein Weg, an dem man nicht vorbeikommt, sondern das Ziel, zu dem alle Wege führen. Eine Shopping Mall in pittoresker historischer Kostümierung, das bedeutet: Man kann hemmungslos der Lust am Konsumieren frönen und dabei doch das erhebende Gefühl eines kulturellen Bildungserlebnisses genießen.

Stimmt schon: Die Salzburger Getreidegasse ist wohl die prominenteste Gasse der Welt. Doch von einem Paradies kann hier in Wahrheit längst keine Rede mehr sein, nicht einmal von einem Einkaufsparadies. Die Getreidegasse als exklusiver Boulevard des Luxus und der Moden, dessen Edelläden heiter flanierenden Festspielgästen die Gelegenheit boten, ihre Theater- oder Dinner-Garderobe durch ein paar ausgesucht kostbare oder wenigstens hochoriginelle Accessoirs zu vervollständigen – das ist Jahre und Jahrzehnte her. Längst bilden die wirklich erstklassigen Läden nur noch versprengte Ausnahmen, gleich ob sie hochkarätiges Geschmeide feilhalten oder sündteure Modellkleider aus Mailand und Paris, und über kurz oder lang werden sie ganz verschwunden sein. An ihre Stelle, da geht es in der Salzburger Getreidegasse auch nicht anders zu als in den großen Einkaufsmetropolen dieser Welt, treten immer mehr Boutiquen, Allerweltsshops und Filialen von Imbißketten, die man nur deswegen schlecht als Billigläden bezeichnen kann, weil das alte Nobelimage der Getreidegasse immer noch für gesalzene Preisaufschläge gut ist.

Nun existieren ja, auch wenn man das angesichts der teils aufgeregt-schnatternden, teils konsumgestreßt-depressiv vor sich hin stierenden Gassen-Massen kaum glauben mag, noch andere, sozusagen ideelle Gründe, die einen Gang durch die Getreidegasse zum obligatorischen Punkt eines jeden Salzburg-Programms machen. Ob der Besuch von Mozarts Geburtshaus dazugehört, entscheiden wir später. Und beschäftigen uns erst einmal mit dem städtebaulichen Ambiente der Getreidegasse und ihrer Fortsetzung als solcher. Zugegeben, eine ganz einfache Übung ist das nicht. Denn um das besondere Flair des Straßenzugs zwischen Bürgerspital- im Westen und Waag- beziehungsweise Mozartplatz im Osten wahrzunehmen, müssen wir uns den hier herrschenden Touristentrubel entweder wegdenken, was allerdings nur fortgeschrittenen Zen-Meistern nach mehrjährigem Konzentrations- und Meditationstraining gelingen dürfte (die asiatischen Touristen, die einen Großteil der Salzburg-Besucher stellen, gehören offenkundig nicht in diese Kategorie) – oder aber wir kommen zu den Zeiten hierher, in denen die Massen noch im Anrollen oder schon wieder abgerollt sind, am frühen Vormittag also oder am späten Abend. Wer das schafft, muß sich an die Stille erst gewöhnen; dann allerdings, versprochen, werden ihm die Augen auf- und übergehen.

Schon der erste Anblick der halbwegs menschenleeren Getreidegasse versetzt einen in eine längst vergangene Welt, auch und gerade dann, wenn man die unzähligen Details noch gar nicht als solche wahrnimmt, wenn also das Hinter-, Durch-, Mit- und Nebeneinander von Fassaden und Dächern, Giebeln und Erkern, Portalen und Zunftschildern zu einem im übertragenen Sinn hyperromantischen Gesamteindruck verschmilzt. Mit der eigentlichen Romantik, nämlich mit der erst zu Beginn des 19. Jahrhunderts aufblühenden Kunst- und Architekturepoche dieses Namens, hat die Getreidegasse allerdings überhaupt nichts zu tun. Wohl aber mit einer ganzen Reihe von früheren Stilepochen; ja, man kann ohne Übertreibung sagen: Hier finden sich auf wenigen hundert Metern so gut wie alle Elemente, die Europas Kulturgeschichte zwischen dem hohen Mittelalter (um 1200 n. Chr.) und der Zeit der Aufklärung (im 18. Jahrhundert) geprägt haben.

Gewiß gilt auch hier: Man sieht nur, was man weiß. Wer sich also tatsächlich die Mühe machte, mit einem ausführlichen Kunstführer in der Hand ein paar Stunden lang durch die Getreidegasse zu wandern, würde ohne Zweifel eine Menge von interessanten oder gar aufregenden Details bemerken, an denen er womöglich noch am Tag vorher achtlos vorbeigeschlendert ist – und er würde so wichtige Baustile wie Gotik oder Renaissance, Barock oder Klassizismus danach garantiert nie wieder miteinander verwechseln. Es ist wahr, es gibt kaum einen Platz im alten Europa, an dem sich Architekturgeschichte so rasch und so anschaulich lernen ließe wie in der Getreidegasse. Wahr ist aber leider auch, daß solche Feststellungen dem heutigen Reisenden eher Angst als Lust machen.

Zuviel Bildung im Gepäck? Wir geben es ja zu: Das unüberbietbar umfassende wie unüberbietbar akribische »Dehio«-Kunsthandbuch »Salzburg«, erschienen im österreichischen Verlag Ferdinand Berger, bringt mit seinen 752(!) Seiten ein gutes Kilo auf die Waage. Und die beiden anderen zuverlässigen Kunstführer aus den Verlagen

Reclam und DuMont, die wir zum Thema Salzburg guten Gewissens empfehlen könnten, sind – jedenfalls kurz vor Ausbruch des großen Mozart-Jubeljahres, während dieser Text geschrieben wird – nicht lieferbar.

Freilich, mit solch ehrwürdigen Standardwerken versuchen wir es im Rahmen dieses kleinen Buches gar nicht erst aufzunehmen. Und beschränken uns statt dessen auf ein paar spezielle Hingucktips für alle die, deren Neugier über die Schaufenster der Getreidegasse hinausreicht.

Eine einfache Faustregel lautet dabei: Die Häuser in der Getreidegasse sind fast immer noch um einiges älter, als sie ausschauen; die allermeisten von ihnen, und damit die Gasse als solche, entstanden zwischen 1200 und 1400, also zur Zeit der Gotik. Was wir von der Straße aus zu sehen bekommen, die Fassaden, die Hauseingänge und deren Verzierungen, stammt in der Regel aus späteren Jahrhunderten.

Auf die Aufmerksamkeit besonders stilbewußter Passanten darf das Modegeschäft in der Getreidegasse 5 rechnen; allerdings gilt das Interesse der wirklichen Kenner weniger dem (ohne Zweifel tadellosen) Textilienangebot im Schaufenster als vielmehr dem hinreißend elegant gearbeiteten Rokokoportal des »Zenzihauses«.

Zuweilen treffen hier in der Getreidegasse bis zu vier Stilepochen an einem einzigen Haus aufeinander. So auch am »Hagenauerhaus«, heute weltberühmt als Mozarts Geburtshaus, in der Getreidegasse Nr. 9 – Sie können's eh nicht verfehlen, gehen Sie einfach den Japanern nach. Gebaut wurde das Hagenauerhaus kurz vor 1400; zu Beginn des 18. Jahrhunderts entstand das geschwungene Barockportal, das von einem steinernen Medaillon überhöht wird (dreisten Reiseführerlügen zum Trotz ist die darauf abgebildete Heilige, im Salzburger Volksmund »das Schleierweiberl« genannt, keineswegs mit der Mutter des göttlichen Wolferl identisch); wenig später, mittlerweile war die Zeit des Rokoko gekommen, erhielt das ganze Haus eine wunderschöne Fassade, die allerdings nur noch an der (dem Universitätsplatz zugewandten) Rückseite zu sehen ist; auf der Getreidegassen-Seite wurde sie um 1850 durch eine großartig-klassizistisch gemeinte, aber im Ergebnis eher trostlose Schauseite ersetzt – damals gab es entweder noch keinen Denkmalschutz, oder er war schon so leicht korrumpierbar wie heute …

Erhalten geblieben ist Mozarts Geburtshaus allerdings eine Eigenschaft, die auch für viele andere Getreidegassenhäuser typisch ist: Die Fenster werden von Stockwerk zu Stockwerk kleiner, was die Fassaden höher erscheinen läßt als sie in Wirklichkeit sind.

An dieser Stelle kann es nicht verkehrt sein, einen jungen Mann zu erwähnen, dessen ganz große Zeit erst kam, als er Salzburg den Rücken gekehrt hatte. Und doch erinnern die Salzburger sich und ihre Besucher bis heute an ihn. Tausende, während der Hochsaison Zehntausende von Salzburg-Touristen laufen tagtäglich an dem Stadthaus dicht bei der Getreidegasse vorbei, in dem der Jüngling seine ersten Werke schuf. Die Rede ist von – ach so, Sie wissen eh, von wem hier die Rede ist? Wunderbar; dann brauchen wir die Gedenktafel, die an jenem Haus angebracht ist, ja gar nicht erst zu zitieren. Wir tun's aber trotzdem, und sei's nur deswegen, weil ein Salzburg ohne na-Sie-wissen-schon-wen einfach nicht vollständig wäre. Auf der Gedenktafel also steht: »In diesem Haus arbeitete der deutsche Sozialistenführer August Bebel als Drechslergehilfe 1859 bis 1860.«

Nur für den Fall, daß der eine oder andere an dieser Stelle doch einen anderen Namen erwartet haben sollte: Auf Mozart werden wir schon bald und dann immer wieder zu sprechen kommen. Nur eben nicht jetzt; jetzt haben wir Mozarts Geburtshaus, vor dessen Eingang diesmal gleich vier große Reisegruppen (drei davon aus Japan, eine aus Rest-Asien) aufeinanderprallen, rechts liegengelassen, sind ein paar Häuser weiter stadteinwärts geschlendert und dann in eine jener Passagen abgebogen, die die Getreidegasse mit dem Universitätsplatz verbinden.

Passagen? Das kann nicht sein. In Salzburg, das weiß jeder Salzburger und auch jeder halbwegs ortskundige Besucher, in Salzburg gibt es keine Passagen – und das, obwohl die Salzburger die Passage als solche wahrscheinlich erfunden haben. Nur eben, sie werden hier nicht Passagen genannt, sondern Durchhäuser, einfach um das ganz Besondere dieser Passagen deutlich zu machen. Worin dieses Besondere besteht? Na eben darin, daß sie Durchhäuser heißen. Der Ton macht die Musik, oder prosaischer ausgedrückt: Der Wortklang beeinflußt nicht nur die Sache, die das Wort bezeichnet, sondern auch unseren Umgang damit.

Im Grunde verhält sich's mit der Passage wie mit Obst und Gemüse. Es macht eben einen Unterschied, ob man in eine hundsgewöhnliche Tomate beißt oder in einen Paradeiser (so heißt die rote Kugel in Österreich); ein simpler Aprikosenschnaps steigt nicht halb so angenehm zu Kopf wie ein echter Marillengeist, und eine Passage vermittelt dem Passanten nicht einmal annähernd jenes Gefühl von historisch gewachsener Bodenständigkeit, das sich beim Passieren eines Durchhauses quasi automatisch einstellt.

Nicht daß wir irgend jemanden entmutigen mögen –

aber wer diese feinen Unterschiede nicht kapiert, wird Österreich und vor allem Salzburg sein Lebtag nicht kapieren. Zum einen nämlich spielen hier Töne und Klänge eine ganz besondere Rolle, und zum anderen ist sich die Stadt an der Salzach, anders als etwa Wien oder Ampflwang im Hausruckwald, ihrer österreichischen Identität erst seit relativ kurzer Zeit völlig sicher – und kultiviert sie deswegen besonders hingebungsvoll.

Immerhin, als August Bebel hier sein Gesellenamt antrat, gehörte Salzburg schon zu Österreich. Und es war nicht nur das schöne Salzburg, in das sich der nachmalige Mitgründer und Vorsitzende der deutschen SPD verguckte, es war ganz explizit auch das kaiserlich-königliche Land Österreich selbst, das bei Bebels Ankunft in blutige Kämpfe mit dem gerade um seine Unabhängigkeit ringenden Italien und dessen Bündnispartner Frankreich verstrickt war. »Kein Gott, kein Kaiser noch Tribun!« – dem aufmüpfigen Motto der (seinerzeit allerdings noch nicht ins Deutsche übertragenen) ›Internationale‹ zum Trotz erwog der junge Bebel, wie er in seinen Memoiren gesteht, allen Ernstes, als österreichischer Freiwilliger gen Italien zu ziehen und sich dort für »seinen« Kaiser zu schlagen.

Der Friede von Villafranca hat solchen Hirngespinsten dann freilich ein Ende gemacht, zum Glück für die deutsche Arbeiterbewegung und für den Drechslergesellen Bebel, dem im übrigen die Salzburger Luft noch ein paar weitere überraschende Kapriolen eingab. Obwohl Bebel Protestant war, wohnte er während jener Zeit im »Katholischen Gesellenheim«, freundete sich mit dessen Vorsteher, dem Jesuiten Dr. Schöpf, an – und trug bei einer Weihnachtsfeier dem Salzburger Fürsterzbischof selbst ein Festgedicht in rheinischer Mundart vor. Die Freundschaft mit Schöpf hat dann bis zu dessen Tod gehalten, dreißig Jahre lang, während derer sich der Sozialist und der Jesuit, wahrscheinlich zu ihrer eigenen Verblüffung, plötzlich im gleichen politischen Lager wiederfanden, nämlich in dem der von Bismarck hartnäckig verfolgten innenpolitischen Widersacher.

Daß sich sozialistisches Gedankengut gar nicht so übel mit katholischer Mentalität und süddeutscher Lebensart vertragen, erfuhr der Salzburger Gastgeselle auch noch bei anderer Gelegenheit: Während eines Spazierganges nach Schloß Leopoldskron, das später vom Festspielmitbegründer Max Reinhardt erworben wurde, traf August Bebel unversehens auf den gleichfalls dort lustwandelnden bayerischen König Ludwig I., der gerade damit beschäftigt war, einer kleinen Horde von Salzburger Buben mittels seines Krückstockes beim Apfelstehlen zu helfen.

Damit verlassen wir Bebel für diesmal, oder nein, wir begleiten ihn noch ein letztes kleines Stück auf einem ihm damals wohlvertrauten Gang, heraus aus dem Durchhaus, aber nicht zurück in die Getreidegasse, sondern nach vorn auf den Universitätsplatz, der seine heutige Popularität nicht irgendwelchen intellektuellen Ambitionen und Assoziationen verdankt, sondern ganz im Gegenteil der sinnenfrohen Schau-, Kauf- und Freßlust der Besucher des hier etablierten »Grünmarkts«. Metzger und Bäcker, Fischhändler und Schnapsbrenner, Bauern aus dem Salzburger Umland, Imker und Kräuterspezialisten halten hier wochentags auf bunten Ständen so gut wie alles feil, was Herz und Gaumen des Feinschmeckers begehren. Daß auch die Preise auf dem Grünmarkt manche Zunge zum Schnalzen bringen, versteht sich nebenbei – bei dieser Lage.

Auf der anderen Seite des Universitätsplatzes ragen Fassade und Glockentürme von Fischer von Erlachs Kollegienkirche imposant in den Himmel auf. Aber die lassen wir vorläufig mal ragen und wenden uns statt dessen nach links, bahnen uns an einem Würstelstand und seiner internationalen Kundschaft vorbei einen Weg in die Churfürstgasse und erreichen so nach ein paar Dutzend Schritten an der Ecke Churfürstgasse / Alter Markt eine jener Salzburger Institutionen, die nicht nur August Bebel zum bevorzugten Aufenthaltsort erkor: das *Café Tomaselli.*

Das heutige *Tomaselli* zerfällt, genaugenommen, in vier Teile. Da gibt es zunächst den Innenraum mit seinen behäbigen Nischen und Marmortischchen, den Sie – außer vielleicht an einigen November- oder Februarwerktagen – bei schlechtem Wetter bitte erst gar nicht zu betreten versuchen sollten; da herrscht hier nämlich fast das gleiche Gedränge wie draußen auf dem Alten Markt und in der Getreidegasse. Doch kaum zeigt sich die Sonne wieder, verteilt sich die Masse des Besucherstroms auf die drei im Freien liegenden *Tomaselli*-Teile, nämlich auf die Tische unmittelbar vorm Haus, auf den jenseits der Straße im Schatten der Residenz liegenden *Tomaselli*-Kiosk (einen kleinen Gastgarten) und schließlich auf das *Salettl*, eine auf vorgebauten Eisensäulen ruhende und über eine Wendeltreppe erreichbare Terrasse.

Auf den ersten Blick erschließen sich die hervorragenden Standortqualitäten des *Tomaselli-Salettls* für alle Salzburg-Liebhaber und solche, die es werden wollen. Zu denen gehörten im Jahr 1945 übrigens auch die Angehörigen der amerikanischen Armee. Die befreiten am Ende des Zweiten Weltkriegs nicht nur Süddeutschland von den Nazis und Österreich von den Deutschen, sondern auch das gute alte *Café Tomaselli* von seinem Namen wie von seiner Tradition, um es in eine banale »Doughnut-Snackbar« umzufunktionieren. Zwar konnte diese verwegene Maßnahme 1950 (noch vor der im berühmten »Staatsvertrag« erreichten Befreiung Österreichs von den Besatzungstruppen) wieder rückgängig gemacht werden; doch so manchem alten Salzburger, der die Nachkriegszeit miterlebt hat, schwant heute nichts Gutes, wenn er den unaufhaltsamen Vormarsch sich nahezu allmonatlich vermehrenden Coffeeshopfilialen und Donut-Bars durch die Getreidegasse beobachtet...

Immerhin, noch hält das *Tomaselli* dem Ansturm der überseeischen Konkurrenz stand, und wenn wir heute von seinen Standortqualitäten reden, meinen wir ausschließlich die touristischen. Die allerdings haben es ins sich: Über den Alten Markt mit dem Florianibrunnen, an dessen Konstruktion und wunderlich-grotesker Verzierung vom 15. bis ins 17. Jahrhundert nahezu ein halbes Dutzend von Steinmetzgenerationen gearbeitet hat, schauen wir auf die pittoresken Bürgerhäuser vis-à-vis; in einem von ihnen ist die Hofapotheke untergebracht, in die man nach dem *Tomaselli*-Besuch unbedingt einen Blick werfen sollte, und sei es nur, um eine kleine Packung Aspirin zu erstehen, das Sie bei dem häufigen Föhn hier und bei dem guten Salzburger Bier früher oder später gewiß gut brauchen können. Die originale Rokokoeinrichtung der Hofapotheke ist bis heute im Gebrauch; inmitten von intarsienverzierten Rezepturtischen und dunkel gebeizten, auf vergoldeten Füßen stehenden und mit allerlei wunderlichen Holzdosen, bunten Glasflaschen und Porzellantiegeln vollgestellten Medikamentenregalen kommt man sich ein bißchen so vor wie Harry Potter während seines ersten Einkaufs in der Winkelgasse.

Daß die Salzburger Hofapotheke in einem Salzburger Bürgerhaus liegt, ist dabei kein zufälliges Paradox. Erstens, wo sollte sie denn sonst liegen? Wofür wäre man Fürsterzbischof oder Graf oder wenigstens Hofschranze, wenn nicht, um dem biblischen Fluch der Arbeit zu entgehen und sich statt dessen von anderen, von den gemeinen Bürgern eben, bedienen und versorgen zu lassen? Zweitens aber, und darauf kommt es in Sachen Standortqualität besonders an: Wir blicken vom *Tomaselli* aus tatsächlich gerade auf die Grenze zwischen den beiden Sphären, die der Salzburger Altstadt ihr spezifisches Gepräge geben – vor uns und halblinks die Bürgerstadt, die Residenz und der Dombezirk zur Rechten –, allesamt vollgestellt mit touristischen Attraktionen und mit Salzburger Stadtgeschichte.

Ein Teil dieser Geschichte ist auch das *Tomaselli* selbst; schließlich war es nicht nur in Salzburg, sondern im ganzen Abendland eines der frühesten seiner Art. Das erste europäische Kaffeehaus stand übrigens – nein, nicht in Wien, zum Schmerz der Wiener und zur Schadenfreude der Salzburger, sondern 1671 in Marseille, Wien folgte 1684, und in Salzburg erhielt ein eingeheirateter Franzose namens Jean Fontaine im März 1700 die Konzession zum Kaffeesieden. Fontaines Verkaufs- und Ausschankladen, bald das *Engelhardsche Gewölb* genannt, befand sich damals noch jenseits des Alten Markts, in der Goldgasse 5. Gut fünfzig Jahre später erteilte dann der Fürsterzbischof hochstselbst seinem Untertanen Anton Staiger die Erlaubnis, »das Engelhart'sche *Cafegwölb* mit allen seinen Möbeln unverrückter an sich zu nehmen«. Wenig später wurde das Etablissement dann aber doch um etliche Meter verrückt, nämlich in jenes Eckhaus am Alten Markt, in dem sich das Café noch heute befindet.

Wiewohl besorgte zeitgenössische Kommentatoren angesichts jener »Brut- und Pflanzstelle des harmlosen Lasters« die Nase rümpften, entwickelte sich das *Staigersche Café* (das erst 1852 in den Besitz der Tomasellis überging) rasch zum Treffpunkt vor allem der bürgerlichen bis halbbürgerlichen Gesellschaft. Was übrigens das harmlose Laster anging, so mochte der alte Staiger sich nicht lange lumpen lassen, und der Erzbischof drückte ein Auge zu: Wiederum mit seiner Genehmigung richtete Staiger in der Beletage seines Kaffeehauses nun auch das erste Salzburger Billardzimmer ein, inklusive, so steht es heute noch auf dem behördlichen Schreiben zu lesen, »einem Plüschsofa, einem Spiegel, Uhr, zinnernem Gießbecken und acht Vorhängen von weißer Leinwand«.

Billard, Billard – war da nicht was? Genau: Mozart. Mehr darüber im folgenden Kapitel.

Mozart zum Kugeln

Kein Witz: Mozarts Lieblingsbeschäftigung (und oft genug auch dessen Verhängnis) war nicht etwa das Komponieren, sondern das Billardspielen. Auch wo einer einen Satz Tarockkarten auf den Tisch legte, war Mozart zeitlebens schnell mit von der Partie. Gespielt wurde, was damals nicht verboten, aber mindestens ebenso riskant wie heute war, grundsätzlich um Geld. Erholt von herben Verlusten hat Mozart sich dann gern beim Kegeln. Wann er dann komponiert hat? Eigentlich immer, aber fast immer nebenbei. Mozart konnte das: Im Gasthaus *Stieglbräu* »beym keglschieben«, wie er selbst schrieb, alle neune krachen lassen und sich währenddessen ein inniges Geigenadagio ausdenken, im Kaffeehaus *Staiger* konzentriert den Lauf einer Billardkugel und zugleich den einer gerade in seinem Kopf entstehenden Gesangslinie verfolgen, oder vier Überleitungstakte in einem Quartettsatz zu ändern, während er in der Wohnstube seines Freundes Hagenauer (dem Eigentümer seines Geburtshauses) eine Trumpfkarte bediente. Denn Mozart war ein Genie.

Ganz verkehrt wäre es indessen, aus solchen Gewohnheiten den Schluß zu ziehen, die Musik sei dem lustigen Lebemann Mozart im Grunde recht gleichgültig gewesen. Nichts war ihm weniger gleichgültig als seine Musik; er hat bloß nie viel Aufhebens davon gemacht. (Wenn Sie einen Künstler treffen, der viel Aufhebens von sich macht, dürfen Sie mit Sicherheit davon ausgehen: Der ist kein Genie.)

Falsch ist auch die (durchaus verbreitete) Meinung, Mozart sei unfähig zur Selbstdisziplinierung gewesen. So gern und oft er sich auch bei allen möglichen Tätigkeiten Musikstücke ausdachte – irgendwann mußten die Kompositionen auch, mit sämtlichen Gegen- und Neben- und Unterstimmen, zu Papier gebracht werden. Wenn es nötig war, konnte Mozart Tage und Nächte durcharbeiten, ohne dabei ans Essen und Schlafen zu denken. (Mit dem Trinken sind wir uns da nicht so ganz sicher, auch wenn sich in seinen mehr als 700 Kompositionen kein einziger Takt findet, aus dem sich schließen ließe, der Komponist sei nicht vollkommen Herr seines Verstandes gewesen.)

Was Mozart aber auf den Tod nicht leiden konnte, war sinnlose Disziplin: Disziplin um ihrer selbst willen. Und genau die forderte sein Arbeitgeber, der Fürsterzbischof Hieronymus Graf Colloredo, für den Mozart von 1772 an wie sein Vater als Kapellmeister der Hofkapelle und, nach einem ersten Hinauswurf, ab 1779 auf dem für seine Begabungen eher absurden Posten eines Hoforganisten arbeitete. Musiker galten damals als bloße Lakaien, und das ließ ihr geistlicher Herr die beiden Mozarts auch spüren, ganz unbeeindruckt von der Tatsache, daß es der immer noch sehr junge Mozart mittlerweile zu europäischem Ruhm gebracht hatte.

Immer wieder rebellierte Mozart, immer wieder suchte der Vater – durchaus auch ein Gegner des Fürsterzbischofs, aber ein im Zweifelsfall duckmäuserischer – den Sohn zur Raison zu bringen, und die mit der Familie befreundeten Salzburger Bürgersleute stimmten Leopold zu: bloß hübsch im geregelten Geleise bleiben! Bloß nicht die Festanstellung riskieren! Doch Mozart hatte das alles satt, die immer neuen Demütigungen seines Arbeitgebers, die ständigen Ermahnungen des Vaters, die bedächtige Geschäftstüchtigkeit seiner Mitbürger. Das schöne Salzburg war ihm fad geworden bis zur Unerträglichkeit, und fad blieb es ihm zeit seines kurzen Lebens, auch als es ihm 1781 endlich gelungen war, sich aus den Salzburger Fesseln zu befreien und in Wien eine selbständige Existenz zu gründen. Nur einmal noch sollte er (wirklich: er sollte, er wollte nicht) für ganz kurze Zeit in seine Vaterstadt zurückkehren.

Die freilich hat ihm das alles verziehen und tut nicht erst anläßlich des bevorstehenden 250. Geburtstags ihres entlaufenen Sohnes fröhlich so, als sei da nie etwas gewesen. »Salzburg ist die Mozart-Stadt«: Diese Feststellung des in Linz geborenen Schriftstellers Hermann Bahr, der als zugereister Dauergast zum Mitinitiator der Festspiele wurde, hört sich auf Anhieb alles andere als originell an. Und trotzdem: Ist Salzburg wirklich *die* Mozart-Stadt? Für Bahr keine Frage. »Auch wenn Mozart in Insterburg geboren wäre«, so fährt er fort, »wäre Salzburg doch die Mozart-Stadt.«

Nun, geboren wurde Johannes Chrysostomus Wolfgangus Theophilus Mozart ohne Zweifel in Salzburg, am

27. Januar 1756. Und so wenig – zum Leidwesen von uns Deutschen – der Umstand, daß Mozarts Vater Leopold aus Augsburg eingewandert war, den Komponisten nachträglich zu einem Deutschen macht, so wenig darf man ihn – zum Leidwesen unserer Nachbarn – strenggenommen als Österreicher bezeichnen. Damals nämlich gehörte das Fürsterzbistum Salzburg nicht zu Österreich, schon deswegen nicht, weil ein Staat namens »Österreich« damals noch gar nicht existierte.

Dennoch wäre es zweifellos kleinlich und unangenehm piefke-pingelig gewesen, wenn wir Deutschen unseren österreichischen Nachbarn zum Beispiel das Recht zum Ausrichten des großen Mozart-Geburtstagsjubels streitig gemacht hätten. Haben wir vielleicht so etwas wirklich Kongeniales (der Ausdruck ist wegen des Billards und des Kegelns wahrhaft am Platze) wie die Mozartkugeln erfunden? Aber ja doch, haben wir! Behauptet zumindest die ehemalige Münchner und heutige Reichenhaller Konditorei Reber, die steif und fest darauf besteht, die süßen Souvenirs »seit 140 Jahren« herzustellen. Damit läge sie im Mozartkugel-Rennen knapp zwanzig Jahre vor der Salzburger Konditorei Fürst, die ihre handgemachten und, wie sie selbst gesteht, nicht ganz billigen »Original Salzburger Mozartkugeln« nicht nur in der Brodgasse 13 verkauft, sondern dort auch noch gleich ein kleines Mozartkugel-Museum eingerichtet hat.

Nur bittschön, was heißt da schon »Original«. Die »Echten Salzburger Mozartkugeln«, und noch dazu die wesentlich süßeren als die der Konkurrenz, stellte der Salzburger Konditor Paul Fürst her. Mit der Datierung seiner Erfindung bleibt die Firma Mirabel, die Fürsts Kugel heute vertreibt, allerdings verdächtig im Ungefähren: »Etwa hundert Jahre nach dem Wirken des begnadeten Mozart...« Ja, hören Sie mal, verehrte Firma, wirkt denn Mozart auf Sie heute nicht mehr?

Doch ob echt, ob original – auf jeden Fall haben es beide Salzburger Kugelfabrikanten geschafft, sich ihre Mozartkugel-Namen gerichtlich schützen zu lassen. Ihre Hoffnung, so den deutschen Empor- und angeblichem Zuvorkömmling aus dem Markt zu kugeln, wurde dennoch enttäuscht: Reber besann sich auf den Wert des Bindestrichs, ließ seine Erzeugnisse als »Mozart-Kugeln« schützen und liefert von denen alljährlich stolze vier Millionen Stück in alle Welt. Im übrigen legte auch Fürst sich nach dem Motto »Was die Salzburger können, können wir schon lange« einen lokalen Konkurrenten zu, den Reichenhaller Konditor Dreher, der, weil er weder Mozartkugeln noch Mozart-Kugeln verkaufen darf, einfach »Mozart Kugeln« verkauft.

Österreich:Deutschland also 2:2? Nichts da! Wie jedermann, na schön, nicht jedermann, aber doch jeder fortgeschrittene Mozartkugel-Fabrikant weiß, stammte Mozarts Mutter aus St. Gilgen am Wolfgangsee, und also – erraten! – bietet die dortige Konditorei Dallmann »St. Gilgner Mozartkugeln« an. Auch in Tulln stellt eine Tochterfirma von Manner (die berühmten Schnitten!) Mozartkugeln her. Na schön, durch Tulln könnte Mozart ja tatsächlich einmal auf einer Reise nach Linz oder Wien gekommen sein, denken wir da. Aber was denkt sich eigentlich die Schweiz, die sich in Gestalt ihrer Dependance Lindt & Sprüngli Austria ebenfalls in die Titelkämpfe der Mozartkugel-Liga einmischt? Mozart war in Wien, in Prag, in München, in Paris, in Berlin, in Bologna – aber davon, daß er jemals einen Fuß in die Schweiz setzte, hat niemand etwas gehört. Wir warten gespannt auf Japan – und stellen vorläufig fest, daß Österreich sich seinen Mozart rein kugelmäßig schwer verdient hat.

Falls Sie jetzt glauben, wir seien von unserem Thema – Mozart und die Salzburger Festspiele – mittlerweile fahrlässig weit abgewichen, kennen Sie die Salzburger Festspiele schlecht. Deren Organisatoren sind nämlich gerade dabei, das große Mozart-Jubiläum des Jahres 2006 nach exakt den gleichen Prinzipien zu feiern, nach denen die Konditormeister ihre Mozartkugeln herstellen. Motto Nummer eins: je mehr, desto besser. Motto Nummer zwei: im Prinzip das gleiche wie immer, nur jedesmal neu verpackt. Motto Nummer drei: Überhaupt kommt es auf die Verpackung an. Und schließlich, last, not least, Motto Nummer vier: Mozart ist uns und unseren Kunden sehr teuer.

Zum Beweis dessen hier nur ein paar Auszüge aus dem Jubelprogramm. Während der Festspiele werden ausschließlich Mozart-Opern aufgeführt. Das war übrigens 1922 schon einmal so. Nur damals waren es gerade mal vier Opern, während es 2006 auf einen Schlag alle 22 sind, die Mozart je geschrieben hat. Auch im Konzertprogramm der Festspiele werden sich die großen Orchester, Instrumentalisten und Sänger dieser Welt in allererster Linie mit Mozarts Symphonien, Konzerten und Liedern beschäftigen. Weil aber Salzburg sich und seine Gäste mit diesem sechswöchigen Mozart-Nonstop-Feuerwerk noch längst nicht ausgelastet fühlt, bietet die Stadt, über sämtliche festspielfreien Wochenenden des Jahres verteilt, unter dem verlockenden Obertitel ›Best of Mozart‹ noch weitere dreißig Mozart-Konzerte an.

Bewundern muß man da die Berliner Philharmoniker, die (dank eines der vielen Hahnenkämpfe ihres verstorbenen Maestro Herbert von Karajan mit den Festspielorganisatoren) seit langem an Ostern ihre eigenen Salzburger Festspiele veranstalten und sich, in bemerkenswerter Abweichung vom Mozartkugel-Prinzip, für 2006 einen höchst originellen Mozart-Rekord ausgedacht haben: Zum erstenmal erklang in ihren österlichen Konzert- und Opernaufführungen kein einziges Mozart-Stück.

Deutscher Neid – oder doch eher deutsche Ironie? So oder so: Ihrem eigenen Organisationstalent setzen die Salzburger Festspiele am 5. Dezember 2006 die letzte Krone auf: An diesem Tag nämlich begeht Salzburg das nächste Mozart-Gedenk-Jahr, bevor noch das laufende zu Ende ist. Zu Mozarts 215. Todestag wird unter der Leitung von Nikolaus Harnoncourt sein Requiem aufgeführt.

Versteht sich, daß der große Mozart-Hype in der Festspielstadt Salzburg auch massive städtebauliche Spuren hinterlassen hat. Deren deutlichste, das Haus für Mozart, in dem auch nach dem Mozart-Jahr 2006 ausschließlich Mozart-Werke aufgeführt werden sollen, hat das ehemalige Kleine Festspielhaus (zwischen Großem Festspielhaus und Felsenreitschule) ersetzt. Von »klein« kann dabei indes kaum noch die Rede sein: Bei der Errichtung des Hauses für Mozart, das an die 1600 Sitzplätze und (kleine Konzession an die jungen Opernfreaks) siebzig Stehplätze umfaßt, wurden 650 Tonnen Beton und 7700 Kubikmeter Stahl verbaut. Mußte das sein? Diese Frage hat zumindest den Salzburger Lokalpolitikern keine ganz großen Sorgen gemacht: Ein stattliches Viertel der Baukosten von knapp dreißig Millionen Euro haben private Spender übernommen; den Löwenanteil dabei trug mit mehr als vier Millionen der amerikanische Milliardär und Festspielmäzen Donald Kahn.

Die vom Mozart-Jahr inspirierten Salzburger Stadtveränderungsaktivitäten machten dabei nicht halt. Ob es auch Stadtverbesserungsaktivitäten waren, bleibt, wie stets in solchen Fällen, unter Einwohnern und Gästen vorläufig umstritten. Den heftigsten Unmut, aber auch die größte Neugier erregt bis heute die drei Meter hohe Bronzeskulptur des Bildhauers Markus Lüpertz auf dem Ursulinenplatz, die den strohblond bezopften Genius mit weiblichem Unterkörper und amputiertem linken Arm darstellt. Titel: ›Mozart – eine Hommage‹.

Angesichts all dessen könnten einem die beiden bescheidenen traditionellen Salzburger Mozart-Gedenkstätten, Mozarts Geburtshaus in der Getreidegasse und das Mozart-Wohnhaus am Makartplatz jenseits der Salzach, trotz des in ihnen permanent herrschenden Touristenandrangs schon fast sympathisch werden – fiele ihr Besichtigungswert nicht gar so bescheiden aus.

Das Haus am Makartplatz präsentiert sich als »im ursprünglichen Zustand wiederhergestellt«. Gemeint ist damit aber weniger der Zustand zu Mozarts Lebzeiten als der vor dem Zweiten Weltkrieg, während dem das kleine Haus von einer Fliegerbombe fast völlig zerstört wurde. Dafür, daß es hier kaum etwas zu sehen gibt, entschädigt uns auch das im Parterre untergebrachte »Mozart Ton- und Filmmuseum« nicht: Die hier gesammelten Audio- und Videoaufzeichnungen sind dem allgemeinem Publikum nicht zugänglich.

Sechs heftige Euro kostet auch der Eintritt in Mozarts Geburtshaus. Während man sich über drei enge Stiegen in die Ausstellungsräume hinaufwindet, blickt man immer wieder auf die mit hübschen Minisäulen verbundenen Galerien über dem kleinen Innenhof des alten Hagenauerhauses, und überm gegenüberliegenden Dachfirst gucken die großen Fassadenfiguren der Kollegienkirche gerade noch hervor. Diese Kirche ist eines der Meisterwerke des Barockarchitekten Fischer von Erlach, der auch die nicht weniger großartige Dreifaltigkeitskirche auf der anderen Seite der Salzach geschaffen hat. (Witzigerweise passen die Fassaden der beiden Kirchen ineinander: die der Kollegienkirche wölbt sich konvex nach außen, die der Dreifaltigkeitskirche konkav nach innen.)

Die Kollegienkirche wurde übrigens zu Beginn des 18. Jahrhunderts fertiggestellt; also könnte, sofern er sich auf die Zehenspitzen stellte, auch der kleine Mozart jene Figuren schon gesehen haben. Wir weisen darauf so ausdrücklich hin, weil dieser nicht greifbare, aber eben doch konservierbare Blick heute das einzig authentische Mozart-Souvenir in seinem Geburtshaus sein dürfte. Der Rest ist – nein, nicht Schweigen, leider nicht, denn herrschte hier Schweigen, summte einem der Genius loci vielleicht ein frühes Mozart-Menuett vor oder gar eine der hinreißenden Arien aus der Schäferoper ›Bastien und Bastienne‹, die das Wunderkind 1768 komponierte, in seinem 12. Lebensjahr.

Statt dessen hallen die niedrigen Stuben des Mozartschen Geburtshauses jetzt von morgens um neun bis abends um halb sechs vom babylonischen Stimmengewirr der Fremdenführer wider, deren Redeflüsse ihre Touristenschäflein dafür zu entschädigen versuchen, daß es hier außer einigen eher beliebig ausgesuchten Wohn-, Schlaf- und Küchenmöbeln aus Salzburger Bürgerwohnungen um 1750, Reiseutensilien und ein paar Guckkästen mit papierenen Bühnenbildmodellen von zeitgenössischen ›Zauberflöten‹- oder ›Titus‹-Aufführungen so gut wie nichts Bemerkenswertes zu sehen gibt. Manche Zimmer stehen, abgesehen von illustrierten Hinweistafeln an den Wänden, gar völlig leer. Beziehungsweise sie stünden leer, wenn sich nicht täglich bis zu 4000 Besucher hier hindurchwälzten. Und die halten sich nach ihrem Geburtshaus-Rundlauf einfach an den geschickt auf dem Weg zum Ausgang installierten Souvenirshop oder an die vielen Konfiserien und Parfümerien in unmittelbarer Nachbarschaft des Mozart-Hauses. Für alles, was sie in dem nicht gesehen haben, werden sie hier reich entschädigt, in Form von mit Schoko- und Marmelade gefüllten Mozart-Brezeln zum Beispiel, mit Amadé-Parfum oder wahlweise mit Duftwässerchen »Mozart« (»dezentpudrige Basisnote«), mit Mozart-Tassen und -Bierseideln, Mozart-Jogginghosen sowie, ungelogen, einem »Mozart-Baby-Brei-Set«. Wenn das nicht zum Kugeln ist!

Im Schatten des Mönchsbergs – die Fürsten- und die Bürgerstadt

»An der Hohensalzburg führt kein Weg vorbei.« Diese Feststellung, wir entnehmen sie einem ansonsten bewährten Reiseführer, ist deswegen so komisch, weil in Salzburg praktisch alle Wege an der Burg vorbei oder sogar unter der Burg hindurchführen. Ja, man kann selbst dann, wenn man den Mönchsberg von seinem niedrigeren Ende, beispielsweise vom *Café Winkler*, her bewandert, zum Schluß locker rechts um die Hohensalzburg herumlaufen, bevor man auf steilen Treppenwegen wieder die Altstadt erreicht.

Damit uns so etwas nicht auch passiert, besteigen wir beim Ausgang des Friedhofs der Benediktiner-Erzabtei St. Peter einfach die Festungsbahn, unterdrücken während der ratternden und knatternden Aufwärtsfahrt die leicht paradoxe und im übrigen völlig unbegründete Sorge, daß wir auf den Friedhof nicht lebend zurückkommen, und sind schon nach wenigen Minuten neben der Bergstation auf der Hasengarten-Bastion. Klar ist schon jetzt: Die Auffahrt hat sich gelohnt, schon allein der Aussicht wegen. Genaugenommen bieten sich uns von der Hasenbastion aus mindestens drei verschiedene Aussichten: eine fast senkrecht nach unten auf das Türme- und Dächergewirr der Fürstenstadt, auf dem die von hier aus überraschend klein wirkende Domkuppel wie ein halbierter Ball zu schwimmen scheint, eine andere über Residenzbezirk, Bürgerstadt, Salzach und Neustadt hinweg auf die gegenüberliegenden Anhöhen des Kapuziner- und des Gaisbergs, und die dritte schließlich auf die unmittelbar über uns liegende Festung selbst, deren von unten so übersichtliche Anlage uns nun plötzlich wie ein seltsam undurchschaubares Durch- und Ineinander von Mauern, Wehrgängen, Balkonbrüstungen, Türmen und quaderförmigen Einzelgebäuden vorkommt.

Wer das alles auch nur halbwegs systematisch erkunden will, kommt um die Teilnahme an einer Burgführung nicht herum. Spaß macht es aber auch, auf eigene Faust durch die frei zugänglichen Burghöfe zu streifen. Selbst wenn einem dabei die vielen Innenräume verschlossen bleiben, bekommt man doch auch von außen allerlei zu sehen. So zum Beispiel die an Mauern und Portalen angebrachten Wappen der bischöflichen Bauherren der Hohensalzburg, unter denen das des großen Salzburger Erzbischofs Paris Lodron als besonderes Kuriosum auffällt: es zeigt einen Löwen mit deutlich brezelförmig gekrümmtem Schweif.

Bald hat man wenn schon nicht den genauen architektonischen Grundriß, so doch die grobe Gliederung der mächtigen Anlage heraus: Die verschiedenen Burggebäude schließen sich um das fürsterzbischöfliche Palais (den sogenannten Hohen Stock) und um den Burghof zu einem flachen Ring, der seinerseits von einem wehrhaften Kranz von Basteien umgeben ist. Hoch über einer von ihnen, der Kuenburg-Bastei oberhalb des Burggrabens, ragt ein merkwürdiger Holzverschlag aus der Burgwand. Hinter ihm verbirgt sich ein ebenso spektakuläres wie (jedenfalls für die allermeisten) unsichtbares Wahrzeichen der Stadt: der sogenannte Salzburger Stier, ein alter gotischer Mechanismus, der nach dem Prinzip einer Spieluhr funktioniert – nur daß er statt mehr oder weniger melodischen Glockentönen einen recht unsanften, dem Brüllen wilder Stiere ähnelnden Hörnerton erzeugt. Gedacht war die Vorrichtung im Mittelalter als Alarmsignal; doch noch heute sendet sie ihre Mißtöne in den Sommermonaten dreimal täglich in die Stadt – und läßt gleich darauf zur Beruhigung der Nerven eine milde Choralmelodie erklingen.

Gut ist es, daß wir beim Abstieg von der Burg nicht nur die weiträumigen Anlagen der Residenz, sondern auch die imposanten Außenstrukturen des nun von Schritt zu Schritt wieder größer werdenden Doms lange bewundern können: So haben wir eine gute Ausrede, die Besichtigung seines (nach unserem Geschmack schon sehr kahlen) Inneren auf ein anderes Mal zu verschieben. Überhaupt die vielen Salzburger Kirchen! Machen Sie bloß nicht den Fehler, sie alle – oder auch nur das gute Dutzend von ihnen, das sämtliche Reisehandbücher übereinstimmend als sehenswert klassifizieren – besichtigen zu wollen; Sie werden sonst infolge optischer, geistiger und womöglich sogar geistlicher Übersättigung auf lange Zeit die Freude an Kirchenbesuchen verlieren. Und das wäre wiederum ewig schade – wo es unter den vielen schönen Kirchen hier nun doch jedenfalls zwei gibt, auf die zwar nicht die alles verehrenden und verzehrenden Kunstexperten, aber die Menschen, die Salzburg lange und gut kennen, immer wieder zu sprechen kommen. Daß der kaltprächtige Dom keine der beiden ist, wundert uns wenig; daß auch die schöne Peterskirche nicht dabei ist, deren Friedhof und deren »Katakomben« genannte Felsengräber mit den schauerlich-schönen Totentanzbildern an der Decke des Katakombeneingangs man gleichwohl unbedingt anschauen sollte, erstaunt uns hingegen. Und daß weder die Dreifaltigkeitskirche noch die Kajetanerkirche noch die Müllner Pfarrkirche (ganz gewiß ein Geheimtip) zum Paar der Schönsten gehören sollen, müssen wir eben in Kauf nehmen. Bleiben die schon erwähnte Kollegienkirche des Fischers von Erlach und die Franziskanerkirche. Bei der entscheidenden Frage freilich, welcher der beiden nun die Palme gebühre, endet auch die Eintracht der wahren Kenner und Liebhaber. Die eine Hälfte schwört, schwer widerlegbar, auf die Kollegienkirche, unter Berufung auf die ganz seltene Einheit von zugleich rational-klarer und himmelstürmend-frommer Außen- wie Innenraumgestaltung; die andere Hälfte, zu der wir uns selbst zählen, mag nicht von ihrer hartnäckigen Liebe zur Franziskanerkirche lassen, bei der es sich gerade umgekehrt verhält: außen eine alles andere als spektakuläre Mischung aus romanischen, gotischen und neugotischen Elementen, innen eine fast abrupte Zweiteilung: aus dem wuchtig-elementaren romanischen Langhaus heraus blickt und geht man der jähen Helle des hoch aufschießenden gotischen Chors entgegen – ein faszinierenderer, unmittelbarer berührender Kontrast läßt sich kaum denken.

Auch weil danach schlicht keine Steigerung möglich ist: fürs erste nun genug mit den Kirchen. Und mit Museen, derer es in Salzburg eine ganze Reihe gibt, fangen wir gar nicht erst an. Das ist die richtige Stelle für die gute oder (je nach Geschmack) schlechte Nachricht über die vorliegende Gebrauchsanweisung: Sie verweigert bei Museen grundsätzlich ihre Dienste. Dies nicht, weil wir etwas gegen Museen hätten, sondern weil wir entschieden der Meinung sind, daß Museen sich selbst erklären und empfehlen – oder gar nicht. Eine winzige Ausnahme machen wir hier im Falle des Mozart-Museums, und das auch nur deshalb, weil es so neu ist, daß es in den allermeisten Reisehandbüchern noch gar nicht vorkommt. Sie finden es, nachdem Sie von der Franziskanerkirche (am besten über den Petersfriedhof) quer durch die großen und kleinen Residenzhöfe spaziert sind, jenseits des Domes in der sogenannten Neuen Residenz am Mozartplatz.

Von dort aus biegen wir, nach einer längst verdienten Kaffeepause im frisch renovierten und 2006 wiedereröffneten *Café Glockenspiel* oder in einem der Straßencafés auf dem hübschen Waagplatz in die Judengasse ein – und glauben auf der Stelle, wir spinnen. Weihnachten mitten im Hochsommer? Doch wenn wir uns auch noch so oft die Augen reiben: Hier verkaufen gleich zwei nebeneinanderliegende Läden das ganze Jahr über originale und pseudooriginale Salzburger Weihnachtskrippen, Weihnachtssterne, Weihnachtskerzen sowie alles, was da von Nußknackern bis Lametta noch dazugehört. Vor allem die überseeischen Besucher machen von dem Angebot scharenweise Gebrauch, dazu dudelt, wie gesagt, auch an heißesten Julitagen, munter ›Stille Nacht‹ oder andere stimmungserhebende Musik vom Band – all dies, was die Sache vollends absurd macht, auf dem Boden des ehemaligen jüdischen Ghettos. Von dem ist freilich hier längst nichts mehr zu spüren; wieso und seit wann, steht im nächsten Kapitel.

Wir nehmen diese weihnachtliche Überraschung von der heiteren Seite und bummeln nun durch Salzburgs alte Bürgerstadt, unter Vermeidung der uns bereits hinlänglich bekannten Getreidegasse. Das heißt, wir biegen von der Judengasse nach links ab auf den Alten Markt, von dem aus wir über die Churfürstenstraße und ein Durchhaus in deren Verlängerung den Universitätsplatz erreichen und gelangen schließlich an der Kollegienkirche und den Gebäuden der Alten Universität vorbei zur sogenannten Hofmarstallschwemme am Karajanplatz.

Schwemme ist ein anderes Wort für Tränke, und in Salzburg heißt das quasi automatisch: Pferdetränke. Weiß der Himmel, woher die Vorliebe der Salzburger beziehungsweise ihrer fürsterzbischöflichen Landes- und Bauherrn für Pferde stammt. Gewiß, die Reittiere mußten im Barock andauernd für Machtallegorien (und Machtallüren) herhalten. Aber in Salzburg trieben sie es schon besonders weit: Sogar wenn ein Denkmal wie der riesige und vielphotographierte Residenzbrunnen nördlich des Doms dem Meeresgott Triton gewidmet ist, wird es von steinernen Pferden beherrscht, die in diesem Fall eben als »Seerösser« figurieren.

Auf der anderen, der südlichen Domseite, liefert wieder ein Meergott, diesmal Neptun höchstselbst, den Vorwand für ein Pferdemonument, die sogenannte Kapitelschwemme. Von der aus hatten es die Salzburger Pferde und haben es wir Salzburgtouristen wiederum nur ein paar hundert Meter bis zur nächsten, nämlich der Hofmarstallschwemme, die nicht nur durch steinerne, sondern darüber hinaus auch durch gemalte Pferde auf sich aufmerksam macht. Diesmal freilich dienten die Pferde selbst nur als Vorwand; der in Salzburg allgegenwärtige Johann Bernhard Fischer von Erlach konzipierte die Hofmarstallschwemme 1695 als monumentale Verkleidung des unmittelbar hinter ihr in den Mönchsberg geschlagenen Steinbruchs. Der Salzburger Hofmaler Franz Anton Ebner fertigte eine Handvoll Pferdeporträts in Form riesiger (Steil-)Wandgemälde, und als ob der dadurch hervorgerufene Eindruck nicht schon heftig genug gewesen wäre, stellte ein gewisser Bernhard Michael Manndl auch noch eine Rossebändigergruppe davor.

Über Geschmack läßt sich streiten. Doch wer sich traut, die Hofmarstallschwemme reichlich überkandidelt zu finden, würfe damit keinem Geringeren als dem Prinzen Eugen sozusagen den posthumen Fehdehandschuh hin. Jener edle Ritter nämlich war von der Hofmarstallschwemme seinerzeit derart begeistert, daß er das ganze Ensemble am liebsten eingepackt und mitgenommen hätte.

Aber nicht deswegen und, ehrlich gesagt, ohnehin nicht aus ästhetischen Gründen empfehlen wir die Hofmarstallschwemme höchst nachdrücklich; uns kommt's da in erster Linie auf den praktischen Nutzen an. Wie bitte? Sie haben gar nicht vor, Salzburgs Altstadt hoch zu Roß abzuklappern? Keine Sorge, wir reden ja gar nicht mehr von Pferden, schon gar nicht von durstigen Pferden. Sondern reden von durstigen, hungrigen, müden Stadtwanderern, die nicht wissen, daß Pferdegemälde und Pferdeskulpturen statt des alten (durch den Bau des Neutors und des hier mündenden Mönchbergtunnels um ein paar Dutzend Meter nach hinten gerückten) Steinbruchs heute das einzige Salzburger Kaffeehaus verdecken, das wir guten

Gewissens als Alternative zum *Tomaselli* oder zum *Bazar* empfehlen können: das von außen gesehen kleine, im Inneren aber, wie es ich für ein Kaffeehaus alter Schule gehört, erstaunlich geräumige *Café Niemetz*.

Das bringt uns nun zum Schluß unseres Rundgangs durch die Bürgerstadt auf ein überraschenderweise heikles Thema: Essen in Salzburg. Der zu Festspielzeiten stets absurd überfüllte *Goldene Hirsch* ist toll zum Promigucken; gastronomisch aber wird er – auch weil viele Promis erschreckend wenig vom Essen wie, man sollte es nicht glauben, vom guten Leben überhaupt verstehen – weit überschätzt. Dreizehn mickrige Punkte wirft der aktuelle Gault-Millau für den *Hirschen* aus, und wer sich jemals dort an einem leicht zerkochten Tafelspitz oder an einem Allerwelts-Wienerschnitzel mit (unfreiwillig) kalten Petersilienkartoffeln versucht hat, begreift rasch: selbst das ist eine Konzessionsentscheidung.

Wer wirklich hervorragend essen will, muß sich schon aus Salzburgs Festspielviertel heraus (und mit uns ins folgende Kapitel) bemühen. Und um die Altstadtrestaurants aufzuzählen, in denen zumindest mit spürbarem Ehrgeiz gekocht wird, braucht man nicht einmal die Finger einer Hand. Bei Bruno im *Ratsherrenkeller* an der Sigmund-Haffner-Gasse, gleich ums Eck von Mozarts Geburtshaus, *Pan e Vin* jenseits des Karajanplatzes (da ist uns die kleine Trattoria im Parterre lieber als das Repräsentierrestaurant im ersten Stock), vom gleichen Betreiber der strenggenommen schon außerhalb der eigentlichen Altstadt liegende *Purzelbaum*, der wie ein Edel-Bistro ausschaut, aber mit einer gut salzburgischen Gastwirtsküche aufwartet. Unser Favorit im Zentrum, trotz des verdächtig nach Touristenabzocke klingenden Namens: das *Alt-Salzburg* gleich neben der Pferdeschwemme, wo Johann Nöck bewährt Traditionelles wie eine Kraftbrühe mit Kräuterfrittaten, ein Entrecôte vom Salzburger Naturrind oder einen erstklassigen Tafelspitz ebenso verläßlich zubereitet wie seine gemäßigt mediterranen Fischgerichte.

Als extravagante Sonderfälle präsentieren sich die beiden gegenwärtigen Favoriten des kulinarischen Zeitgeists. Das *Magazin* in der Augustinergasse 13 ist ein schicker Gemischtwarenladen für Lebensmittel, Wein, Geschirr und Kochbedarf aller Art; alle, die hier nicht nur einkaufen, sondern auch essen wollen, werden an einen langen Speisetisch gebeten und mit allerlei modischen, aber in der Regel tadellos zubereiteten Gerichten à la Jamie Oliver verwöhnt. Untergebracht ist das Ganze in einem unmittelbar in den Fels des Mönchsbergs gehauenen Gewölbe. Weiter oben am Mönchsberg, nämlich im Museum der Moderne, findet sich das große Restaurant *M 32*, dessen Küche unter einer spektakulär-schrägen Lichtinstallation aus 500 Hirschgeweihen keineswegs nur dem Anspruch der Moderne, sondern verblüffenderweise auch der althergebrachten Salzburger Kochtradition mit einigem Erfolg gerecht zu werden versucht.

Schlösser und Geister

Zur Bürgerstadt gehörte, selbst wenn die Salzburger Bürger immer mal wieder nichts davon wissen wollten, auch das jüdische Salzburg, nicht etwa als Anhängsel, sondern als ganz zentraler Bestandteil; der Name »Judengasse« (so heißt die Verlängerung der Getreidegasse östlich vom Alten Markt) weist deutlich genug darauf hin. An der Judengasse 15, mittlerweile wurde das Hotel *Radisson-Altstadt* dort hingebaut, stand bis 1415 die große Synagoge, die Straßen und Häuser ringsum bildeten das mittelalterliche Ghetto. Daß die Synagoge dort *stand*, ist allerdings nur die eine, die harmlose Hälfte der Wahrheit; denn eben in jenem Jahr 1415 stand die jüdische Synagoge seit mehr als zehn Jahren *leer.*

Verfolgt und vertrieben wurden die Menschen jüdischen Glaubens immer und überall auf der Welt; auch schon und gerade im Mittelalter. Aber die bestialische Grausamkeit, die die Salzburger damals gegenüber ihren jüdischen Mitbürgern an den Tag legten, wurde erst ein halbes Jahrtausend später durch die Nazis überboten. Zum ersten verheerenden Massaker kam es 1349, während die wieder einmal in Europa grassierende schwarze Pest auch Salzburg heimsuchte. Klarer Fall, zumindest für den durch ehrbare christliche Kaufherren aufgehetzten Pöbel: Die Juden waren schuld; angeblich hatten sie die Brunnen der Stadt vergiftet. Während der anschließenden Pogrome wurden in Salzburg und Umgebung mehr als 1200 Juden, unter ihnen zahlreiche Frauen und Kinder, verbrannt.

»Der Jude hat keinen Groll«, schreibt Adolf Altmann in seiner ›Geschichte der Salzburger Juden‹; »er sehnt sich nach der menschlichen Bruderhand, selbst wenn sie ihn geschlagen.« Das klingt, zugegeben, arg masochistisch; möglicherweise war es ja nichts anderes als das nackte Angewiesensein auf wenigstens ein Minimum an Solidarität oder doch Toleranz, das sich die Juden zuweilen etwas pathetisch schöngeredet haben. Sie wollten doch auch in Salzburg nur Geschäfte machen? Sie *mußten* Geschäfte machen, das ist die Wahrheit, und zwar genau die Art von Geschäften, das Geldwechseln gehörte dazu, ja, und auch das Geldverleihen gegen Zinsen, für die sich die würdigen Salzburger Patrizier zu katholisch oder auch nur zu fein waren – und derer sie doch zur Mehrung ihres Wohlstands dringend bedurften.

Also sind die Juden schon relativ bald nach dem ersten großen Salzburger Massaker wieder zurückgekommen in die Stadt. Die regierenden Bischöfe selbst hatten sie zur Rückkehr ermuntert, erst hinter vorgehaltener Hand, dann schließlich ganz offiziell und direkt. Im Jahr 1400 verkaufte der Bischof der neugegründeten Salzburger Jüdischen Gemeinde eben das Haus in der Judengasse, das seine Vorgänger den Juden gewaltsam weggenommen hatten.

Von einer Integration der Juden in die Salzburger Gesellschaft konnte auch weiterhin keine Rede sein; sie blieben im Ghetto, in jeder Hinsicht. Erfolgreich hingegen verlief ihre Wiedereingliederung ins Gewerbeleben, und genau das war ihr Verhängnis. Erneut kochten Neid und Mißgunst in der Stadt hoch, und schon im Juli 1404 ließ der neugewählte Bischof Eberhard III. alle Salzburger und Halleiner Juden, deren seine Schergen habhaft werden konnten, einkerkern und nach grausamen Martern zum Tod auf dem Scheiterhaufen verurteilen.

Die Anklagen waren in solchen Fällen in ganz Europa immer wieder die gleichen: Wenn nicht Brunnenvergiftung (weil die Pest gerade einmal Ruhe gab), dann eben, wie nun in Salzburg, Diebstahl und »Schändung« von christlichem Kirchengut und liturgischen Geräten. So offensichtlich erstunken und erlogen das war (in jenem Salzburger »Prozeß« fand sich sogar ein ertappter *christlicher* Kirchenräuber, der nach damals erprobtem Muster die Juden der geistigen Urheberschaft an seiner Tat bezichtigte), so erbarmungslos wurden die Urteile gefällt und vollstreckt. Die Massenverbrennung von 1404 fand als öffentliches Spektakel auf dem Burgfeld gegenüber der heutigen Augustinerkirche im Salzburger Ortsteil Mölln statt, »zur höheren Ehre Gottes«, wie der zeitgenössische Bericht über des Henkerbischofs Regierungszeit, das ›Registrum Eberhardi‹, mit frommem Schaudern meldet.

Sie stöhnen, verehrte Leser, Sie murren, Sie beschweren sich? Drei lange todernste Seiten bloß über die Judenverfolgung in Salzburg, und das in einem ansonsten doch so heiteren Bericht über ein so heiteres Reiseziel! Und welchen Wert haben denn Informationen über derart lang zurückliegende historische Vorgänge für den Umgang mit dem Salzburg von heute?

Die aufrichtige Antwort auf solche Fragen fällt uns gerade als erklärten Liebhabern der Stadt an der Salzach alles andere als leicht. Eben deswegen wollen wir sie nun schnell hinter uns bringen: Etwas vom bösen Ungeist jener grausamen Zeiten lebte und lebt bis heute fort. Dies gewiß nicht nur in Salzburg, aber gerade hier meint man den Ungeist, wenn auch nur als bedrohliche Schwingung im Hintergrund, zuweilen noch besonders deutlich zu spüren. Ja, wir behaupten sogar schlechterdings: Wer versucht, den heimlichen und unheimlichen Doppelcharakter dieser Stadt, die »vertrackte Beziehung von Schönheit und tödlicher Macht in diesem kulturellen und geschichtlichen Raum« (so der Salzburger Germanist Hans Höller) zu ignorieren, wird Salzburg niemals wirklich kennenlernen.

Dabei reden wir gar nicht unbedingt von offenem oder latentem Antisemitismus oder gar von Verharmlosung späterer Nazigreuel, auch wenn die Stadt sich nach dem Motto »Hier gilt's der Kunst« – gemeint war natürlich das Geschäft – bemerkenswert weitherzig zeigte, wenn es um die nationalsozialistische Vergangenheit ihrer kulturellen Zugpferde ging. Prominentestes Beispiel dafür ist nicht der, an den Sie jetzt vielleicht denken, nämlich der gleich zweimal in Hitlers Partei eingetretene Dirigent und langjährige Festspielbeherrscher Herbert von Karajan, sondern der Mann, der als eine Art Urbild von kernig-volksnaher Güte wie von humorvoller Lebensweisheit ausgerechnet das unter seiner Ägide weltberühmt gewordene »Salzburger Adventssingen« mit seinen Erzählungen und Vorträgen prägte: der vormalige Nazi-Kulturfunktionär und Gaupreisträger Karl Heinrich Waggerl.

Damit wir uns nicht falsch verstehen: Wir selbst können (und mögen) uns dem unnachahmlichen Flair des bedächtig schweren Waggerl-Tons überhaupt nicht entziehen. Wir hängen geradezu an den alten Originalaufnahmen von Waggerls vorweihnachtlichen Lesungen; die hinreißendsten von ihnen stammen noch aus den Tagen, bevor das Salzburger Adventssingen wegen des Massenzulaufs von der Alten Universitätsaula in den am allerwenigsten adventlichen Raum Salzburgs, nämlich das Große Festspielhaus, verlegt wurde. Friedliche Schalmeienklänge, stille Gesänge, sanft besinnliche Erzählungen, dargeboten in einem nicht nur bahnhofshallengroßen, sondern auch bahnhofshallenscheußlichem Saal, das kann nie und nimmer gutgehen. Begeisterte Besucher des Adventssingens, und zwar auch solche, die mit den Traditionen des echten alpenländischen Brauchtums durchaus vertraut sind, berichten bis heute, es gehe trotzdem gut, überraschenderweise.

Persönlich haben wir das vorsichtshalber nie nachgeprüft. Statt dessen halten wir uns, wie gesagt, an die aufgezeichneten Tondokumente. Und sind uns durchaus des Widerspruchs bewußt, in den wir uns hier verstricken – es geht halt einmal nicht anders in Salzburg. »Ich weiß zuviel von den Geistesinnereien des ganzen salzburgischen Stadtkörpers«, hat Thomas Bernhard geschrieben. »Auch ein schöner Mensch – wenn man den auseinandernimmt – ist ja innen nicht angenehm.« Und andererseits: »Wer kramt schon gern im Darm herum, wenn man mit einem schönen Menschen zusammen ist, net?«

Vielleicht liegt's ja ganz einfach am Geld. Zuviel Geld

bekommt einem Charakter nie, auch nicht dem Charakter einer Stadt. Noch mal Bernhard: Salzburgs »größte Leidenschaft ist die Geistlosigkeit, und wo sich Phantasie auch nur zeigt, wird sie ausgerottet«. Mit solch rauhen Urteilen ist der große Welt- und Österreichhasser Thomas Bernhard zum meistzitierten Kronzeugen gegen Salzburg avanciert – und man kann nicht sagen, daß er es nicht darauf angelegt hat. Trotzdem, auch gegenüber Salzburg waren Bernhards Gefühle sehr viel komplexer, als er, der um nichts so bemüht war wie um sein Image als ewiger Provokateur, es mitunter wahrhaben wollte. Gegenprobe gefällig? Bitte sehr, damit können wir, damit kann Bernhard dienen, noch dazu in dekorativer Reimform:

»Du schöne Stadt am Salzachfluß,
ich schloß dich in mein Herz,
trotz täglich starkem Regenguß,
und kindlich hartem Schmerz.«

Herz auf Schmerz gereimt, man faßt es kaum; aber es war tatsächlich Thomas Bernhard, der (wenn auch in jungen Jahren) diesen rührenden Vierzeiler zu Papier brachte.

Ein Fall von enttäuschter Liebe also? So einfach, fürchten wir, wird man mit Bernhard nicht fertig – und ist Bernhard mit Salzburg nicht fertig geworden. Die gehäuften Qualen des in Salzburg heranwachsenden Schülers und Internatszöglings und die gehäuften Bosheiten seiner Umwelt, erbarmungslos dargestellt in fünf autobiographischen Bernhard-Büchern, muten dem Leser einiges zu – und sind dennoch Pflichtlektüre für alle, die sich auf die Widersprüchlichkeiten dieser Stadt ernsthaft einlassen wollen.

Zu diesen Widersprüchlichkeiten gehört auch die merkwürdige Anziehungskraft, die Salzburg, allen schlechten Erfahrungen zum Trotz, immer von neuem auf seine jüdischen Besucher ausübte. Antisemitisch ist das einheimische Bürgertum ja bis weit ins 20. Jahrhundert hinein geblieben, auch wenn das offizielle Salzburg dies, durchaus mit Blick auf seine zahlungskräftige Gästekundschaft, bis heute lieber leugnet. Ein besonders dreister Fall solcher Heuchelei dokumentiert sich auf einer an der Salzburger Residenz angebrachten Steintafel, die an den Salzburger Aufenthalt des Zionisten Theodor Herzl im Jahr 1885 erinnert. Bei solchen Gelegenheiten werden gern zwei Fliegen mit einer Klappe geschlagen: Indem er einen bedeutenden Gast rühmt, rühmt der Gastgeber sich selbst; und besonders gut funktioniert das, wenn der Gast dem Gastgeber die Mühe des Lobens bereits abgenommen hat: »Ich brachte in Salzburg einige der glücklichsten Stunden meines Lebens zu« – so, punktum, wird Herzl auf dieser Tafel zitiert. Nicht auf der Tafel steht, wie es in Herzls Autobiographie weitergeht: »Ich wäre auch gerne in der schönen Stadt geblieben, aber als Jude wäre ich nie zur Stellung eines Richters befördert worden, deshalb nahm ich von Salzburg Abschied.«

Nun, wenn nicht Richter, so doch Dichter. Oder, weniger flapsig gesagt: Auch wenn der öffentliche Dienst und die mit ihm verbundenen Juristenkarrieren den Juden in Salzburg auch verschlossen blieben, so konnten sie, da gab sich die Bourgeoisie des Fin de siècle und des beginnenden 20. Jahrhunderts ganz liberal, doch als Künstler und Intellektuelle hier durchaus Staat machen. Schon im Juli 1891, keine sechs Jahre nach Herzls Rückzug, kam der siebzehnjährige Hugo von Hofmannsthal nach Salzburg, als Gast der »Centenarfeier« zu Mozarts hundertstem Todestag. Zwei Jahre später, im Herbst 1893 tauchte bereits Max Reinhardt zum erstenmal hier auf; er war – damals noch als Schauspieler – für eine Saison ans Salzburger Stadttheater engagiert worden.

In den Jahren nach 1900 mutierte die vormals fürsterzbischöfliche Salzachstadt allmählich zur bevorzugten Sommerresidenz oder gar zum bleibenden Domizil der kulturellen jüdischen Avantgarde des alten Europa. Einer ihrer beliebtesten Treffpunkte war der Salon des Schriftstellers Stefan Zweig, der Salzburg während einer Urlaubsreise kennengelernt und sofort beschlossen hatte, sich für immer hier niederzulassen.

Stefan Zweig mit seiner auch von ausländischen Künstlern und Schriftstellern wie Thomas Mann, James Joyce, dem Science-fiction-Autor H.G.Wells oder dem mit seinem ›Bolero‹ weltberühmt gewordenen Komponisten Maurice Ravel gern besuchten Salzburger »Villa in Europa«, Reinhardt und Hofmannsthal als Initiatoren der Salzburger Festspiele: Es wirkt wie eine Ironie der Geschichte, wenn nicht gar wie ein Paradox, daß es ausgerechnet drei »zugeraste« Juden waren, die zur Neuentdeckung Salzburgs erst durch Europa und dann durch die ganze Welt mehr beigetragen haben als alle Einheimischen zusammen.

Ein Zufall kann das nicht sein, so wenig wie die auf den ersten Blick merkwürdige Tatsache ein Zufall ist, daß sich diese drei für ihren Aufenthalt in Salzburg keineswegs mit irgendwelchen Wohnungen begnügten – nein, es mußten gleich Schlösser sein. Zweig kaufte für sich und seine Frau im Oktober 1917 das Paschinger Schlößchen auf dem Kapuzinerberg, Reinhardt erwarb ein Jahr später das hochrepräsentative, im frühen 18. Jahrhundert von Erzbischof Leopold Anton Firmian errichtete Schloß Leopoldskron, und Hofmannsthal schließlich erstand das fürsterzbischöfliche Jagdschloß Prielau bei Zell am See als Sommerresidenz im Salzburger Land für sich und seine Familie.

Mag sein, daß der schon erwähnte Wunsch, Staat zu machen, mitverantwortlich für diesen Hang zum Schlösserkaufen war. Auch Intellektuelle und Künstler, so gern sie das Establishment kritisieren (und so sehr umgekehrt das Establishment ihnen ihre Verachtung zeigt), sind schließlich nicht frei von dem Wunsch, sich ihrerseits zu etablieren, und das möglichst auf derart imposante Weise, daß die Herrschaften, die eben noch über das lose oder gar das »verjüdelte« Künstlervolk die Nase rümpften, nun ihrerseits vor Neid erbleichen.

Wer sich freilich nur ein wenig mit dem Leben und den Werken der Genannten beschäftigt, wird schnell auf die Idee kommen, daß sich deren Lust, Schloßherren zu spielen, keineswegs nur auf diesen schnöden »Ätsch!«-Effekt zurückführen läßt. Eine wichtige, vielleicht die wichtigste Rolle dabei spielte vielmehr der ganz besondere Eindruck, den Salzburg auf diese großen drei machte, und der sich bis heute ohne weiteres nachvollziehen läßt: Mit ihren sich mal verengenden, mal sich jäh und dramatisch erweiternden Perspektiven und ihren wie Bühnenbildelemente zwischen die Kulissen von Mönchs- und Kapuzinerberg drapierten Türmen, Kirchen und Schlössern erscheint die Stadt selbst dem Besucher wie ein einziges Stein gewordenes Theater.

Man kennt das von eigenen Besichtigungen imposanter Baudenkmäler: Da möchte man sich nicht damit begnügen, Zaungast zu sein, da möchte man höchstpersönlich mitspielen! Und zwar, wenn es denn irgendwie geht, nicht als Statist oder Lakai, sondern bitte schön als Schloßherr oder Schloßfräulein persönlich. Daß sich, speziell in dieser Stadt, die großen Damen und Herren am Ende gar nicht so genau von den Statisten unterscheiden lassen, ja daß sie in eigener Person tatsächlich zu Statisten des großen Dauerfestspiels Salzburg werden können, so wie hier umgekehrt und unversehens Statisten über Nacht in die Rolle von Hauptdarstellern schlüpfen können – das alles steht auf einem anderen Blatt.

In diesen Zusammenhang gehört eine der allerschönsten Geschichten, die es über den spezifisch salzburgischen Zusammenhang zwischen Schlössern und Geistern zu erzählen gibt. Handelnde Personen darin sind erstens Max Reinhardt, in seiner Eigenschaft als Schloßherr von Leopoldskron und notorischer Gastgeber von Festen und Bällen, bei denen die internationale auf die Salzburger High-Society zu treffen pflegte, zweitens Reinhardts alter Spezi Ferenc Molnár aus Budapest, Urheber von zahlreichen geistvoll sentimentalen bis zeitkritischen Stücken und Prosatexten sowie von spöttischen Bonmots, und drittens ein von Reinhardts amerikanischem Sponsor Otto H. Kahn – auch solche Leute hat es da schon gegeben, und merkwürdigerweise hießen sie auch damals Kahn – nach Salzburg entsandter Produzent namens Gilbert Miller, der, ebenso wie viele Amerikaner und Japaner heute noch, erwartete, bei dieser Gelegenheit ein wenig an der kulturellen und gesellschaftlichen Höhenluft des alten Europa schnuppern zu dürfen.

Jener Mr. Miller kam also eines Sommerabends auf dem Salzburger Bahnhof an und wurde dort von Molnár im Auftrag Reinhardts in Empfang genommen und nach Leopoldskron geleitet, zu einem eigens für den Ehrengast veranstalteten Fest, dessen prominente Gästeschar alles bisher Dagewesene in den Schatten zu stellen versprach. Nicht nur diverse Angehörige des europäischen Hochadels und der Diplomatie hatten sich angesagt, darunter selbstverständlich die schon erwähnte Lady Diana Manners, sondern auch die berühmtesten Schauspieler und Musiker jener Zeit, die reichsten Industriebarone, hochrangige Militärs sowie, darauf war der lange wegen seiner Religionszugehörigkeit verfemte Schloßherr Max Reinhardt besonders stolz, der Salzburger Erzbischof höchstpersönlich.

Molnár indessen, nachdem er dem immer tiefer in Ehrfurcht versinkenden Amerikaner während der Fahrt nach Leopoldskron die Gästeliste komplett vorgetragen hatte, machte eine kleine Kunstpause – und gab anschließend in verschwörerischem Ton das angebliche und angeblich nur den allerintimsten Eingeweihten bekannte große Geheimnis der Leopoldskroner Feste preis: In Wahrheit dächte natürlich keiner der genannten Prominenten daran, einem aus Berlin zugelaufenen Theaterdirektor wie Reinhardt, der letztlich doch nur ein kleiner Jude sei, seine Aufwartung zu machen. Doch um so mehr bewähre sich in dieser Situation Reinhardts großartiges Theatertalent: Dessen Einladungen seien nichts anderes als perfekt inszeniertes Illusionstheater, und gerade die berühmtesten Gäste allesamt nur bezahlte Statisten, die sich gemeinsam mit ihrem Regisseur Reinhardt einen Jux daraus machten, dem nicht eingeweihten Teil des Publikums und der leichtgläubigen Presse die große Welt vorzuspielen.

Zu diesen Einfaltspinseln mochte der reiche Besucher aus den Staaten nun freilich nicht gehören. Weswegen der hochwürdige Erzbischof, die ehrenwerte Lady Diana und viele andere bedeutende Mitglieder der an jenem Abend auf Schloß Leopoldskron versammelten Gesellschaft nicht aus dem Staunen herauskamen über jenen skurrilen Amerikaner, der immerfort mit den Augen zwinkerte, wenn sie ihm vorgestellt wurden, gelegentlich auch Seiner bischöflichen Exzellenz vertraulich auf die Schultern oder einer leibhaftigen Kronprinzessin auf den Popo klopfte und dabei launig versicherte, eine solche Verschaukelei habe er noch selten erlebt...

Max Reinhardts Sohn Gottfried, der übrigens Anfang der sechziger Jahre vorübergehend selbst die Salzburger Nachfolge seines Vaters als ›Jedermann‹-Regisseur antrat, hat in seinen Erinnerungen jene Anekdote nicht nur überliefert, sondern ihr auch noch die eigentliche Pointe angefügt: »Molnár hat in seiner Bosheit für seine Lüge die Wahrheit benützt. Er hatte eine Farce angezettelt, aber wie jede gute Farce barg sie einen menschlichen Kern. Es ist wahr, daß für Max Reinhardt Leopoldskron – wie ganz Salzburg übrigens – eine prachtvolle Dekoration bedeutete und alle, die sie bevölkerten, eine Prachtbesetzung. Nur daß Reinhardt dafür keine Komparsen und keine Kostüme benötigte.« Wozu auch, fährt Gottfried Reinhardt fort – wo doch alle Gäste so freundlich waren, »sich selbst zu spielen«.

Daß die Salzburger Prominenten mit dem Anlegen ihres Festspieloutfits allesamt zu Statisten werden, die dann die Rollen von prominenten Festspielgästen spielen: Diese Faustregel gilt auch im Jahr 2006. Bis heute gibt es keine bessere Gebrauchsanweisung für den gelassenen Umgang mit dem Salzburg der High-Society und High-Snobiety.

Schloß Leopoldskron ist der Öffentlichkeit längst nicht

mehr zugänglich. Dennoch kann der Salzburger Society auch heute geholfen werden, wenn sie auf Schlössern speisen will. Entweder sie läßt sich wie früher einladen, mittlerweile am liebsten ins Schloß Fuschl am nahen und schönen Fuschlsee, zu Festspielzeiten das Domizil erlauchtester und allererlauchtester Gäste, gern und immer wieder aber auch nach Hellbrunn, in dessen Schloßhof sich das gleichnamige Restaurant befindet. Das Beste dabei: Auch wir Normalsterbliche können uns solche Schloßdiners gönnen, allerdings nur, wenn wir uns selbst auf eigene Kosten einladen. Salzburger Schlösser, die sich ein feudales Hotel oder mindestens ein Restaurant einbauen lassen, sind heutzutage kaum noch zu unterhalten; es sei denn, sie verwandeln sich, wie Reinhardts altes Leopoldskron, in von reichen Sponsoren betriebene Tagungszentren.

Im Fall von Schloß Fuschl müssen wir freilich schon wegen der horrenden Preise dringend von Privatessen abraten. Anders ist das in Schloß Hellbrunn, dessen Besuch sich nicht nur des herrlichen Hellbrunner (englischen) Schloßparks, einschließlich des Tierparks und der berühmt-berüchtigten Wasserspiele, lohnt, sondern durchaus auch wegen des Restaurants. Mittags wartet dessen Küche den Schloß- und Parkbesuchern mit vorwiegend regionalen Gerichten auf; doch abends läßt sich der junge Küchenchef Michael Pratter von seiner bemerkenswerten Phantasie zu großen Köstlichkeiten wie einer Bärlauchsuppe mit Wachtelei, geschmorten Spanferkelbackerln mit Blutwurstravioli oder einem Hirschkalbskarree mit Maroni-Rotkraut-Lasagne und einer feinen Balsamicosauce inspirieren.

Ebenfalls nicht übel speist es sich im Restaurant Gasthof *Schloß Aigen* an der Schwarzenbergpromenade. Dessen

Spezialität ist seine ganz nach alter österreichischer Tradition gepflegte Rindfleischküche, deren Bestandteile nicht nur in unseren »reichsdeutschen« Ohren heute geradezu exotisch klingen: Kavalierspitz, Mageres Meisl, Niedere Ried. Wer dies alles kennenlernen will und obendrein zu seiner Verblüffung erfahren, daß eine Wiener Melange keine Kaffeesorte ist, sondern eine Mischung dreier Rindfleischsorten, ist im *Schloß Aigen* an der richtigen Adresse: Hier wird ihm das alles liebevoll erklärt, zubereitet und im Suppentopf serviert, selbstverständlich mit der in solchen Fällen korrekten Beilage: Apfelkren, Schnittlauchsauce und geröstete Erdäpfel.

Fehlt uns noch das berühmteste aller Salzburger Schlösser. Das ganz nah dem Stadtzentrum gelegene Schloß Mirabell gibt gastronomisch gesehen nicht so viel her. Einen ausgiebigen Besuch lohnt es trotzdem, wegen seines kunstvollen Parks wie wegen seiner selbst für Salzburger Verhältnisse hochskandalösen Baugeschichte. Salzburger Verhältnisse: Dazu gehörte ja bis weit ins 18. Jahrhundert hinein die heftige Verquickung und Durchdringung geistlicher und weltlicher Macht in Gestalt der Fürsterzbischöfe und ihres Hofstaats. Daß sich diese hohen Herren Geliebte hielten, galt – Zölibat hin, Zölibat her – in Salzburg stets als durchaus normal. Ganz und gar nicht normal aber war es in den Augen der Salzburger Bürger wie der höfischen Gesellschaft, wenn sich ausgerechnet eine so sanguinische Gestalt wie der von 1587 bis 1612 regierende Fürsterzbischof Wolf Dietrich von Raitenau plötzlich zu einer noch dazu bürgerlichen Maitresse als Quasi-Ehefrau bekannte und mit ihr nach und nach nicht weniger als fünfzehn Kinder zeugte. Da Wolf Dietrich gleichwohl Erzbischof von Salzburg bleiben mochte (schon weil ihm das Niederreißen und Wiederaufbauen des Dombezirks soviel Spaß machte) und daher seine Fast-Gattin nicht gut bei sich in der bischöflichen Residenz wohnen lassen konnte, stellte er ihr jenseits der Salzach ein komplettes Schloß mit Park hin. Salome Alt hieß die Geliebte, Altenau darum ursprünglich das Schloß, das Wolf Dietrichs Nachfolger Marcus Sitticus, nachdem er den früheren Fürsterzbischof in Ketten legen und auf Hohensalzburg hatte internieren lassen, schleunigst in Mirabell umbenannte.

Die Salzburger haben viel später aber eine ziemlich witzige Idee gehabt, um Mirabell wieder mit der Erinnerung an jenes merkwürdige Liebespaar zu verbinden: Sie verlegten das städtische Standesamt in die Prunkräume des Schlosses. Die beliebteste Attraktion von Mirabell ist desungeachtet weiterhin der sogenannte Zwergerlgarten: eine Sammlung nicht etwa von barocken Gartenzwergen, sondern von höchst seltsamen Skulpturen kleinwüchsiger oder gar mißgestalteter Menschen, die ein später Nachfolger des Schloßgründers zu Beginn des 18. Jahrhunderts im Mirabellpark aufstellen ließ. Einigermaßen unheimlich, diese Art der Selbst- und (bis heute funktionierenden) Volksbelustigung, und durchaus angsteinflößend. Da ist sie wieder, diese speziell salzburgische Nähe von Schlösser und Geistern.

Die alte Neustadt oder Ein Stück Italien und eine Teeschale voll Kaffee

Wenn Sie von der Autobahnausfahrt Salzburg-Süd in die Stadt kommen, umfahren Sie den Mönchsberg, überqueren dann die Salzach auf der Nonntaler Brücke, biegen gleich danach links ab in die Imbergstraße und fahren schließlich, vergebens nach einem freien Parkplatz Ausschau haltend, am Fluß entlang auf einen Platz namens Platzl zu. Hätten Sie vor 150 Jahren diesen Weg genommen, hätten Sie schwimmen müssen: Die Imbergstraße, heute eine der wichtigsten – und vor allem: eine der wenigen – Salzburger Durchgangstraßen, nämlich verläuft genau über dem ehemaligen Bett der bis 1862 unregulierten Salzach, deren Wellen damals direkt unterhalb der Steingasse an die Felsen des Kapuzinerbergs schlugen.

Das Platzl ist so etwas wie die offene Vorhalle der Salzburger Neustadt, die allerdings gar nicht so neu ist, wie ihr Name vermuten läßt. So gab Wolf Dietrich von Raitenau, der fürsterzbischöfliche Liebhaber der Salome Alt und

Erbauer von Schloß Mirabell, zwar auch schon dem Platzl, aber noch nicht (auch wenn er das gern gewollt hätte) dem Dom und der Residenz ihre heutige Gestalt. Der Dom wurde gar erst 1628 unter Erzbischof Paris Lodron eingeweiht, ist also deutlich neuer als bedeutende Teile der Salzburger »Neustadt«.

Vollends ins Mittelalter fühlen wir uns zurückversetzt, wenn wir vom Platzl aus die enge, sich immer wieder auf oder ab, nach links oder rechts windende Steingasse am Fuß des Kapuzinerbergs entlangbummeln. Kaum vorstellbar, daß diese Gasse einst die Hauptverkehrs- und Transportstraße gewesen sein soll, die am Rande des alten Salzburg die bayerischen Ebenen mit den südlichen Tauernpässen und mit Italien verband. Schaut man freilich ganz genau hin, erkennt man an vielen Steingassenhäusern immer noch die klobigen Radabweiser, die die Fassaden vor Beschädigungen schützen sollten, und die Kratzspuren, die die Pferdekutschen und Ochsenwagen auf ihnen hinterlassen haben. Beim Stiegenaufgang links zum Kapuzinerkloster und Kapuzinerberg steht das Geburtshaus des Priesters und Dichters Josef Mohr. Und sagen Sie jetzt bitte nicht, von dem hätten Sie noch nie etwas gelesen. Sie haben wohl! Und gesungen haben Sie den berühmtesten Text Mohrs obendrein: das Weihnachtslied ›Stille Nacht‹.

Weit hätten wir es nicht von hier aus hinauf zum Kapuzinerkloster. Aber wirklich lohnen würde sich der Weg erst, wenn wir ihn konsequent weitergingen, über die sogenannte Stadtaussicht bis hinüber zur Bayerischen Aussicht. Von der aus könnten wir dann geradeaus hinübergucken zum Obersalzberg, von dem aus Hitler oft auf den Kapuzinerberg geguckt hat, so oft, daß er den Plan erwog, hier oben eine riesige »Gauburg« errichten zu lassen und gleich daneben absurderweise ein Stadion. Gottlob ist aus alldem nichts geworden; es ist weiter einsam geblieben auf der welligen Hochfläche des Kapuzinerbergs. So einsam, daß man hier weniger Leuten begegnet als auf allen anderen und entfernteren Salzburger Hausbergen ringsum.

Zugegeben: Das alles wissen wir nur theoretisch. Bestimmt an die vier-, fünfmal haben wir uns während eines Salzburgaufenthalts fest entschlossen, diesmal aber ganz bestimmt auf den Kapuzinerberg zu gehen, um die herrliche Aussicht dort droben zu genießen, und die herrliche Ruhe. Aber immer ist es beim Vorsatz geblieben, so wie jetzt auch: Wir lassen die Klosterstiege links liegen und spazieren weiter durch das direkt an den Fels angelehnte Steintor und das anschließende ehemalige Gerberviertel (das waren, wegen der stinkenden Gerberfelle, stets die verrufensten Quartiere in mittelalterlichen Städten) bis zum in dieser Umgebung überraschend eleganten Engelwirtsbrunnen am sogenannten Äußeren Stein, von dem aus uns die Imbergstraße wieder zum Platzl zurückführt.

Anders als am Münchner Platzl steht hier kein Hofbräuhaus, doch immerhin liegt der altehrwürdige Braugasthof *Gablerbräu* in der Linzer Gasse 9 nur ein paar Schritte entfernt. So stolz der (bitte nicht das!) *Gablerbräu* heute noch auf den hier geborenen und im ersten Drittel des 20. Jahrhunderts ganz ohne Unterstützung der Plattenindustrie weltberühmt gewordenen Bassisten Richard Mayr ist – er galt als Ochs schlechthin, nämlich als idealer Darsteller des Barons Ochs von Lerchenau in Richard Strauss' ›Rosenkavalier‹ – und so hübsch gediegene Salzburger Tafelfreuden im Restaurant des heutigen Viersternehotels *Gablerbräu* auch locken mögen, wir lassen es fürs erste rechts liegen und folgen der Linzer Gasse noch ein Stück stadtauswärts, bis zur Sebastianskirche.

Nachtragende Leser erinnern sich jetzt daran, daß wir ausdrücklich versprochen haben, uns auf nicht mehr als zwei der vielen Salzburger Kirchen näher einzulassen. Daran halten wir uns auch, was uns schon deswegen nicht schwerfällt, weil nicht einmal die allerhartnäckigsten Kirchenabhaker der Sebastianskirche etwas abgewinnen können, nachdem 1818 ein Brand deren gesamte frühbarocke Inneneinrichtung zerstört hat. Aber! Verlocken wollen wir Sie ja nicht zum Besuch der Kirche, sondern zu dem des ihr angeschlossenen Friedhofs, dem Salzburger Campo Santo. Der ist, wie der Name unschwer verrät, eine sehr italienische oder, genauer gesagt, eine italienisierende Angelegenheit: Der im Auftrag des unermüdlichen Neustadt-Bauherrn Wolf Dietrich von dem Architekten Andrea Berteletto aus Como in bestem manieristischen Stil erbaute Arkadenfriedhof, übrigens der einzige seiner Art nördlich der Alpen, bringt als eine Art Gegenstück zum frommen Klosterfriedhof von St. Peter tatsächlich südliches Flair nach Salzburg. Die nahezu fröhlich buntfarben glasierten Fliesen, mit denen der Zentralbau des Friedhofs, eine Art Mausoleum für Wolf Dietrich von Raitenau, bis hinauf an die Decke ausgekleidet ist, erinnert sogar an islamische Moscheen.

Soviel Lebendigkeit in der Nähe des Todes, ist das nicht auch wieder typisch salzburgisch? Mozart, da sind wir sicher, hätte zumindest der Campo Santo der Stadt, der er den Rücken zukehrte, als letzte Ruhestätte durchaus gefallen. Doch nur sein Vater und seine Frau Constanze liegen hier neben anderen berühmten und unberühmten Salzburgern begraben. Der verlorene Sohn selbst ist nicht einmal im Tod ins Vaterhaus zurückgekehrt, in dem sie sein Andenken heute so begeistert feiern; er endete, wie jeder weiß, im Massengrab.

Während wir, um derart trübe Gedanken zu verscheuchen, uns erst einmal wieder Richtung Platzl bewegen, denken wir nebenbei an ein boshaftes Bonmot des Wieners Karl Kraus: »Hätten die Salzburger Salzburg gebaut, es wäre bestenfalls ein Linz daraus geworden.« Der Mann, denken wir, muß dabei ausgerechnet die Häuserfronten der Linzer Gasse vor Augen gehabt haben: solid, bürgerlich bis kleinbürgerlich, insofern auch nett – aber sterbenslangweilig.

Für uns ist die Linzer Gasse jetzt allerdings der schnellste Weg zur vielleicht wichtigsten aller Salzburger Institutionen: dem *Café Bazar.* Daß wir ein Kaffeehaus in den Rang einer Institution erheben, bedarf in Österreich keiner besonderen Rechtfertigung. Wohl aber, zumindest für Außenstehende, die Tatsache, daß wir diesen Rang in Salzburg ohne Umschweife dem *Bazar* zuerkennen, und nicht etwa dem Konkurrenzunternehmen *Tomaselli.* Insider hingegen wissen zumindest: Von wegen Konkurrenz – schon seit Beginn des 20. Jahrhunderts gehört auch das *Bazar* der Familie Tomaselli. Was aber die so unsichtbare wie altüberlieferte Trennlinie zwischen den beiden berühmten Kaffeehäusern links und rechts der Salzach nicht durchlässiger gemacht hat. Seit Urväter Zeiten sitzen die Musiker im *Tomaselli,* die Theaterleute und die Literaten hingegen im *Bazar.*

Nichts gegen Tonkünstler an dieser Stelle, aber als ideales Kaffeehauspublikum eignen sie sich nun einmal nicht annähernd so gut wie ihre Kollegen aus der Hauptabteilung Sprache, Mimik und Gestik. Das haben übrigens manche Musiker, auch große Musiker wie Toscanini und Louis Armstrong, selbst erkannt und haben deshalb doch lieber im berufsuntypischen *Bazar* herumgesessen. Sie blieben freilich die großen Ausnahmen, und außerdem pflegte der Dirigent Toscanini trotz seiner beträchtlichen Gagen seinen kleinen Braunen nicht zu bezahlen; er schenkte dem Ober statt dessen eine joviale Umarmung. Im *Tomaselli* wäre das undenkbar gewesen, im *Bazar* gab's dafür bloß einen Eintrag in die Hauschronik.

Spezifischere Bazar-Gäste waren zum Beispiel Marlene Dietrich und der unvermeidliche Max Reinhardt. »Und wer sitzt heute da?« fragte einst der mittlerweile verstorbene Burgtheaterdirektor und ›Jedermann‹-Regisseur Ernst Haeussermann: »Du und ich, und nicht einmal mehr der Torberg.« Immerhin, der jetzige Burgtheaterdirektor sitzt auch wieder da, nebst anderen Theaterintendanten, die in der Festspielzeit nachschauen kommen, wie die bei ihnen unterm Jahr angestellten Schauspieler und Regisseure sich hier in Salzburg manch süßes Zubrot verdienen. Das funktioniert deswegen so gut, weil gleich schräg gegenüber dem *Café Bazar*, am Makartplatz, das Salzburger Landestheater steht, das die Festspiele als Bühne für ihre Sprechtheateraufführungen nutzen. Aber nicht, daß Sie jetzt glauben, die Kollegen gingen zum Kollegenangucken hinüber ins Landestheater. Es verhält sich umgekehrt: Während der Proben- und Aufführungszeiten funktioniert das *Bazar* zusätzlich auch als inoffizielle Landestheaterkantine.

Der Wiener Autor Anton Kuh schrieb 1928 ins Gästebuch: »Die Festspiele sind der Umweg, das *Bazar* ist der Zweck.« – Auch deswegen rauchte schon Stefan Zweig hier täglich um Punkt drei Uhr nachmittags eine Virginia, während der König von England sich gerne eine »Teeschale« bestellte, was aber nichts mit der britischen Vorliebe für Tee zu tun hat. Eine Teeschale ist ein Kaffee in einer teetassenähnlichen Schale; das wissen die Ober im *Bazar* bis heute, obwohl die Teeschale, wie so viele wunderbarverzwickte Kaffee-Servierarten, auch im *Bazar* leider nicht mehr auf der Karte steht.

Um auf den König von England, gemeint ist Edward VII., zurückzukommen: Der schlürfte seine Teeschale hier auch noch nach seiner Abdankung und Rückstufung zum Herzog von Windsor. Gut möglich, daß er dabei ein wenig neidisch zum nahen Schloß Mirabell hinübergeblickt hat, dessen Erbauer Wolf Dietrich – anders als der arme Edward – seinen Thron nicht wegen einer bürgerlichen Mesalliance hatte räumen müssen.

So hängt in Salzburg das Leben manches Menschen mit manch anderem zusammen, selbst wenn der eine oder der andere oder gar beide schon gestorben sind. Den Sessel jedenfalls, den der Herzog von Windsor im *Bazar* stets einzunehmen geruhte, hat der frühere *Bazar*-Ober Fritz noch jahrelang gegen hohes Trinkgeld an promisüchtige Touristen vermietet.

Abseits des Mainstream – das Salzburger Umland für Genußmenschen

Daß man von Salzburg einen prächtigen Ausblick auf die nahen Alpen hat, wäre eine kaum erwähnenswerte Binsenwahrheit – wenn nicht eben dieser Alpenblick schätzungsweise drei Viertel aller Besucher der Festspielstadt vorenthalten bliebe. Schuld daran ist ausnahmsweise nicht (oder jedenfalls nicht immer) der Schnürlregen, sondern der Mönchsberg. So dekorativ sich der auch als Hintergrundprospekt für die Altstadt ausnimmt, so lästig steht er doch der freien Aussicht auf die »echten« Berge im Weg. Hilft also alles nichts: Wer was vom Salzburger Alpenpanorama haben will, muß den Mönchsberg überschreiten (was kein Mensch tut, obwohl ihn gleich jenseits der Hohensalzburg eine verblüffend ländliche Idylle und ein über bucklige Schafweiden sanft abfallender Weg erwarten würden) oder per Tunnel durchqueren oder außen herumfahren.

Schon tauchen sie dicht vor einem auf, die ersten Gipfelriesen. Der Berg rechts, der so eindrucksvoll aus der

Salzachebene aufragt, heißt Hochstaufen und gehört ganz und gar den alten Konkurrenten der Salzburger, den bayerischen Reichenhallern. Anders verhält es sich mit dem weiter links gelegenen Untersbergmassiv, über das die österreichisch-deutsche Grenze hinwegläuft. Dennoch müssen sich Bayern und Salzburg den Gipfel nicht teilen – der Untersberg hat praktischerweise gleich zwei Gipfel, nämlich den Berchtesgadener und den Salzburger Hochthron. Daß der Berchtesgadener Hochthron der (um 120 Meter) höhere der beiden ist, wurmt zwar die Salzburger Alpinisten, aber in unseren Laienaugen wirkt deren Hochthron schon imposant genug.

Zwischen beiden Gipfeln erstreckt sich das von zahlreichen Rinnen und Höhlensystemen durchzogene Untersbergplateau, auf dem man bei schönem Wetter wunderbar herumspazieren und sich bei schlechtem Wetter, vor allem im oft von einem Augenblick auf den anderen einfallenden Nebel, jämmerlich verirren kann. Schützende Unterkunft in diesem, eine aussichtsreiche Sonnenterrasse in jenem und urige Brotzeiten in beiden Fällen bietet das an der Salzburger Kante des Hochplateaus gelegene Zeppezauerhaus. Bleibt bloß die Frage: Wie kommen wir da hinauf? Wackere (und bitte fest beschuhte!) Wanderer haben gleich zwischen zwei Routen die Wahl, die beide vom Parkplatz in der Rosittenstraße beim zehn Autominuten von Salzburg entfernten Dorf Glanegg ihren Ausgang nehmen: dem Reitweg (das ist, wie der Name schon vermuten läßt, der bequemere) und dem kühn in die Felsabbrüche der Untersberg-Westwand geschlagenen, aber dank mehr als 500 steinernen Stufen trotzdem sicher zu begehenden Dopplersteig – das ist der landschaftlich deutlich eindrucksvollere.

Um der Wahrheit die Ehre zu geben: Das Prädikat »Schweißtreibender Hatscher« verdienen beide Wege von Salzburg auf den Untersberg, weswegen wir ganz ungeniert den Rat geben, sie lediglich als Abstiegsrouten zu wählen und aufwärts die Geiereckbahn zu benutzen, deren Talstation man südlich von Grödig bei St. Leonhard erreicht. Schon richtig, eben wegen dieser Seilbahn drängen sich vor allem an schönen Wochenenden die Halbschuhtouristen droben auf dem Untersberg. Richtig ist aber auch: Spätestens mit der letzten Kabine sind die alle verschwunden – und wer so schlau war, sich im etwas unterhalb der Bahnstation liegenden Zeppezauerhaus für eine Nacht einzumieten, genießt nun, ganz abseits des Mainstreams, Bergeinsamkeit de luxe.

Eine ganz andere Talstation steht auf der anderen Seite der Salzach im Salzburger Vorort Parsch, am Fuß des Gaisbergs. Der ist längst nicht so hoch wie der Untersberg, aber er gehört den Salzburgern allein, weswegen sie ihn als ihren eigentlichen Hausberg betrachten – und, damit ja kein Festspielgast sich überanstrengen muß, auch gleich eine Autostraße bis auf seinen Gipfel gebaut haben. So steigen von Parsch aus keine Seilbahnkabinen himmelwärts, sondern Gebete: »Talstation Gottes« nennen die Parscher ihre Pfarrkirche, einen 1956 von Schülern des Festspielhausarchitekten Clemens Holzmeister zum modernen Gotteshaus umgebauten alten Bauernhof. Kunst in Beton, Kunst aus Beton: Das Nordportal der Kirche zum kostbaren Blute schmückt ein Betonkreuz Fritz Wotrubas (der im nahen Salzburg auch als Bühnenbildner tätig war, unter anderem für Herbert von Karajan), und in den Beton des Südportals hat Oskar Kokoschka Darstellungen des biblischen Sündenfalls und der Taufe Christi geritzt.

Erwähnen wollen wir aber auch eine sehr weltliche Institution in Parsch, nämlich den traditionsreichen Gasthof *Zum Hirschen*, der im Mozart-Jahr 2006 sein 150jähriges Bestehen feiert. Ein wirklicher Geheimtip ist dieser *Hirsch* längst nicht mehr, aber immer noch eine lohnende Adresse, zumal die Preise für Salzburger Verhältnisse erfreulich überschaubar geblieben sind. Der junge Wirt Christian Wallmann serviert mit Vorliebe Bodenständiges aus der regionalen Bio-Produktion wie das gekochte Schulterscherzel vom Rind mit Rösterdäpfeln, Apfelkren und Schnittlauchsauce – eine Art Salzburger Tafelspitz-Variante.

Wie gut die Besinnung auf die Speisezettel und Küchenpraktiken der Salzburger Großmütter den Wirten wie ihren Gästen bekommt, spürt man auch in einer anderen Traditionsgaststätte, dem Eugendorfer *Holznerwirt*. Eugendorf liegt schon auf der anderen Seite des Gaisbergs, sogar schon knapp jenseits der Westautobahn bei der Ausfahrt Wallersee. Doch ganz gleich, ob man dahin, zum Wallersee nämlich und zu den anderen Seen des Flachgau, unterwegs ist oder dorthin, ins Salzkammergut, zum Mond- und Wolfgangsee – es lohnt sich auf jeden Fall, in Eugendorf Station zu machen. Eben wegen des Holznerwirts, gewiß, so delikate Schlipfblatteln (das sind mit Spinat und Topfen gefüllte und mit brauner Butter begossene Nudeltaschen) und einen so feinen Schnaps von schwarzen Ribisln (hochdeutsch: Johannisbeeren) serviert so leicht kein zweiter, aber auch wegen der alten Pfarrkirche zum heiligen Georg im Eugendorfer Ortsteil Kirchberg, an und in der sich wieder einmal alle Baustile zwischen früher Romanik und spätem Barock studieren lassen. Besonders schön (und besonders salzburgisch): Der Hochaltar des

Mondseer Holzbildhauers Meinrad Guggenbichler, in dessen Figuren sich ländliche Naivität und formbewußte Eleganz auf hinreißende Art die Waage halten.

Natürlich, mit der geradezu repräsentativen Barockpracht von Maria Plain, der nur ein paar Kilometer weiter westlich gelegenen Wallfahrtskirche, kann das bescheidenere Idyll von St. Georg nicht mithalten. Dafür bleiben Ihnen hier aber auch die per Bus angekarrten Mitbewunderer erspart. Abseits der Massen bleiben wir auch auf unserer Weiterfahrt und wenden uns, statt gleich das prominente Salzkammergut anzusteuern, erst einmal zurück nach Süden, in Richtung Ebenau und Faistenau.

Immer noch sind wir dabei nah an der Stadt – der nahe Salzburgring brächte uns, wenn wir ihn nicht zur Rushhour benützen würden, binnen zwanzig Minuten ins Zentrum zurück. Und doch finden wir uns hier in eine ganz und gar ländliche Welt versetzt. Mehr noch, schöner noch, sogar die Zeit selbst wirkt in und um Faistenau durchaus so, als verginge sie hier gemächlicher. Auch der tausend Jahre alte Lindenbaum auf dem Dorfanger steht noch, in dessen Inneren sich bequem drei Menschen verstecken könnten, wenn der Zugangsspalt nicht neuerdings mit einem Gitter versperrt wäre.

Der zuständige Tourismusverband etikettiert Faistenau absurderweise als »Erlebnisdorf« – so, als ginge hier rund um die Uhr der Bär respektive die Post ab. Gottlob ist das vollkommene Gegenteil der Fall. Zwar gibt es eine Post, genauer gesagt das Wellnesshotel *Alte Post*, aber die Hauptquelle der einem hier zufließenden Wellness ist eben die durch nichts getrübte Ruhe ringsum: Der aus dem 21. Jahrhundert zugereiste Gast empfindet soviel Zurückgebliebenheit als Luxus. Daran ändert auch die Tatsache nichts, daß die *Alte Post* eigentlich eine neue »Post« ist; früher hieß sie Gasthof *Grill*. Wir erwähnen das, weil mit dem Namenswechsel dem Dorf Faistenau wie der ganzen Welt damit eine einmalige gastronomische Pointe verlorenging: Grillplatten gab und gibt es überall, aber nur hier stand einer namens Grill am Grill und sorgte dafür, daß die aberwitzig »mit allem« überladenen Grillplatten (noch in den späten Sechzigern haben wir sie als Ski-Adoleszenten gegessen, ach was, gefressen) ihren Namen gleich doppelt verdienten. Vorbei, verweht: Heute präsentiert die Küche hochambitionierte Biokost und vegetarische Edelschnitzel.

Zurück in die Zukunft? Auch die Grill-Metzgerei zeigt sich radikal den Idealen der grünen Landwirtschaft ergeben: auf einer großen Schiefertafel werden säuberlich die Lieferanten-Höfe des aktuellen Bio-Fleisch-Angebots aufgelistet, mit Adressen und Telefonnummern, zum Nachkontrollieren.

Merkwürdig, aber wahr: Während Salzburg am Kommerz und an seiner Maßlosigkeit im Ausbeuten des Rohstoffs Tourismus zu ersticken droht, feiern die Anmut und der bukolische Charme des Salzburger Landes hier im kleinen Faistenau ihre stille und dabei durchaus exquisite Wiederauferstehung. Warum wird der ›Jedermann‹ eigentlich nicht hier gespielt, im Schatten der tausendjährigen Faistenauer Dorflinde? Nicht nur die Frage drängte sich seit einer Weile auf, sondern auch die Antwort: Hofmannsthals ›Jedermann‹ *wird* in Faistenau gespielt, wenn auch nur alle drei Jahre und – soviel Eigenständigkeit muß schon sein – in einer Faistenauer Mundartfassung.

Daß die Rolle des Todes beim Faistenauer ›Jedermann‹ stets besonders gruselig auszufallen pflegt, liegt womöglich an einer bemerkenswerten Art von Anschauungsmaterial, das ganz in der Nähe der Dorflinde geboten wird – dem kleinen Beinhaus neben der schönen Dorfkirche, in dem sich die Totenschädel und Knochen ganzer Faistenauer Generationen zu schauerlichen Haufen stapeln.

Am Rande vermerkt: Beinhäuser, im Salzburgischen keine Seltenheit, gehören zu den wenigen Besichtigungsprogrammpunkten, von denen sich auch der mitgeschleppte Nachwuchs regelmäßig fasziniert zeigt. Auch nicht schlecht, mit und ohne Kinder, ist ein Ausflug von Faistenau zum nahen Hintersee. Um den nicht aus Versehen rechts liegenzulassen, muß man dabei wissen: Der Hintersee liegt bei Vordersee, und bei Hintersee liegt gar kein See …

Im übrigen ist auch der Hintersee altmodisch, ein zwar in prächtiger Kulisse gelegener, aber eher stiller Badesee mit großen grünen Liegewiesen. Kein Hotel, kein Restaurant und kein Café mit Seeterrasse weit und breit, statt dessen nur ein sich stolz *Bade-Buffet* titulierender, aber höchst bescheidener Kiosk, an dem es Limo und Wurstsemmeln zu kaufen gibt.

Ringsum nichts als Idylle also? Von wegen. Ganz nah bei Faistenau beginnt die Strubklamm, von Einheimischen auch gern zur »Strublklamm« verniedlicht. Zur Verharmlosung besteht indes nicht der geringste Anlaß. Die Durchquerung respektive Durchlängsung der engen, gut drei Kilometer langen Schlucht (auf dem wildromantischen »Metzgersteig«) ist schon zu Fuß ein atemberaubendes Erlebnis. Wer aber wirklich das Fürchten lernen will, setzt sich ins Wildwasserkanu: selbst erfahrene Canyoning-Fans können hier ihre Nerven beim Flattern beobachten.

Spektakulär ist wegen ihrer bemerkenswerten Tiefblicke sogar die kleine Autostraße, die immer der Oberkante des Schluchtabbruchs entlang von Faistenau hinunter zum Wiestalstausee führt. Weiter geradeaus ginge es nun über Hallein zurück nach Salzburg. Aber weil wir zuvor noch einem besonders netten (vielleicht weil besonders versteckt gelegenen) Berggasthaus einen Besuch abstatten wollen, biegen wir kurz vor dem Ende des kleinen Stausees nach links ab und erreichen bald das Dorf Gaißau. Von dem führt links eine Mautstraße hoch auf die Spielbergalm, auch sie ein beliebtes Ausflugsziel, aber diesmal nicht unseres. Deswegen verlassen wir die Straße erst unmittelbar bevor sie sich am Ortsende von Gaißau in eine Haarnadelkurve nach rechts legt, folgen den Schildern zum (im Sommer meist stillgelegten) Spielberglift, biegen ein paar hundert Metern nach dessen Talstation wieder links ab und kurven hinauf zu den *Schirlastuben*.

Wie trefflich man hier speist und vor allem wie traumhaft man hier auf der kleinen Sonnenterrasse sitzt, wissen alle Kenner und Genießer des kleinen, rührend altmodischen Pistenzirkus' zwischen Hintersee und Gaißau. Wer von denen freilich, sei es der schönen Aussicht oder der deftigen regionalen Spezialitätenküche wegen, im Sommer wiederkam, guckte bis vor kurzem in die Röhre. Denn da sich – der Himmel weiß, warum – nur wenige Sommertouristen in diesen wunderschönen Winkel zu verirren pflegen, sperrte der Schirlawirt mit dem Ende der Skisaison seine kleine feine Wirtschaft einfach zu und betätigte sich statt dessen von Mai bis November lieber als Versicherungsvertreter. Alles andere als ein Einzelfall übrigens hier im Salzburger Land. Nicht nur von Sommer- oder Wintersaison abhängige Tourismus-Dienstleister, sondern auch viele kleine Bauern sind hier auf Zweitjobs angewiesen, und eben die scheint das Versicherungsgewerbe geradezu im Übermaß anzubieten. Wer mit den Leuten redet, hat leicht den Eindruck, es gebe im Salzburger Land mehr Versicherungsvertreter als Versicherte.

Wie auch immer: Als der alte Schirlawirt sich unlängst zur Ruhe setzte, mochte dessen Sohn das Vertreterheer nicht noch weiter vermehren. Teils aus jugendlichem Leichtsinn, teils aus Liebe zur einheimischen Kochkunst beschloß er darum, die *Schirlastuben* fortan auch im Sommer zu betreiben. Die Nutznießer sind wir: Zwar kocht das junge Wirtspaar schon mangels Andrang im Sommer nie viele Gerichte, und auch nur die, zu denen es gerade Lust hat; aber wer einmal hier Kaspreßnocken (das sind aus einem Brot-, Zwiebel- und Käseteig geformte kleine Klöße) oder gar Salzburger (mit Geselchtem gefüllte) Taschenknödel probiert hat, weiß gerade diesen Hang zur Eigenbrötelei zu schätzen.

Wenn das Gute so nah an Salzburg liegt, und doch so fern vom Pfad der Menge – wozu, denken wir da manchmal im stillen, brauchen wir da eigentlich noch das Salzkammergut mit seinem ganzen Trubel? Doch bevor wir uns ernsthaft in diese Frage vertiefen, fahren wir noch geschwind hinunter nach Hallein (am besten über das hoch über dem Salzachtal gelegene Bergdörfchen Krisp) und informieren uns erst einmal über das Phänomen, ohne das weder Salzburg noch das Salzkammergut wären, was sie heute sind – über das Salz.

Weißes Gold auf zweierlei Art oder Vom Salz zum Schnee

Salzburg, Salzkammergut, Salzach – welches wertvolle Mineral für diese Namen verantwortlich ist, müßte man nicht einmal einem Kind erklären. In den allermeisten Orts-, Berg-, Fluß- und Seenamen freilich, für die das Salz Pate stand, kommt der Begriff Salz gar nicht vor, sondern dessen keltische Bezeichnung »hal«; im Walisischen, gewissermaßen eine neukeltische Sprache, heißt das Salz bis heute »hallein«. Der einfache Schluß daraus: Das salzburgische Hallein ist älter als Salzburg selbst, und am Hallstätter See wurde schon sehr viel früher Salz abgebaut als entlang der Salzach. So oder so gilt dabei, daß der größte Teil des Salzburger Landes ohne das Salz wohl lange Zeit eine gott- und menschenverlassene Gebirgsregion geblieben wäre.

Anders gekommen ist es nicht etwa deshalb, weil unsere Vorfahren so genußsüchtig gewesen sind, daß sie ihre Suppen partout nicht ungesalzen auslöffeln mochten. Daß Salz den Wohlgeschmack von Speisen hebt, ist menschheitsgeschichtlich gesehen eher eine unwichtige unter seinen vielen Eigenschaften. Worauf die Menschen der Vorzeit dagegen wirklich scharf waren, ist die hygroskopische Wirkung des Salzes, also seine Eigenschaft, anderen Stoffen Wasser zu entziehen. Das Einsalzen war daher neben dem Ausdörren Zehntausende von Jahren lang die wichtigste Form der Lebensmittelkonservierung. Wirtschafts- und damit machtpolitisch gesprochen: Wer Salz besaß, besaß den Schlüssel zum Überleben.

Kein Problem stellte das für die Völker dar, die in der Nähe der Meere lebten. In der Mitte Europas aber war man zur Salzgewinnung auf die Gegenden angewiesen, aus denen sich das Meer schon vor Urzeiten zurückgezogen und dabei seine Salzablagerungen zurückgelassen hatte, also zum Beispiel auf das Gebiet der nördlichen Kalkalpen. Wer das Salz dort zuerst entdeckt und abgebaut hat, weiß bis heute keiner. Sicher ist nur, daß die Kelten, als sie sich zuerst an den Ufern des Hallstätter Sees und später um Hallein herum niederließen, bereits eine betriebsame Salzwirtschaft vorfanden.

Die beiden großen Abbaugebiete, das eine weit im Südosten und jenseits der heutigen Salzburger Landesgrenzen, das andere ganz nah bei Salzburg im Norden gelegen, standen von Anfang an in regem Kontakt miteinander, vor allem was den Austausch von Abbautechnologien und von geschulten Arbeitskräften betrifft. So war es kein Zufall, daß der Bergmeister, der 1846 während des Salzabbaus bei Hallstatt auf die ersten Teile jenes ausgedehnten keltischen Gräber- und Siedlungsfeldes stieß, das dann einer ganzen Epoche – eben der Hallstätter Kultur – seinen Namen gab, Johann Georg Ramsauer hieß: Die bayerische Ramsau liegt gleich jenseits des Dürrnberges, in den die Halleiner ihre Salzschächte trieben.

Das Entscheidende an den Hallstätter Funden des Johann Georg Ramsauer (er legte nach und nach fast tausend Keltengräber mit 20 000 Schmuck- und Geschirrbeigaben frei) war die Tatsache, daß sie sofort richtig zugeordnet wurden, anders als die spektakulären, im Salz konservierten Leichen (»Mann im Salz«), die man bereits 1573 und 1616 im Halleiner Bergwerk und dann 1734 auch bei Hallstatt entdeckte, ohne deren wirkliches Alter zu erkennen. Leider bedeutete die Auffindung dieser »Salz-Ötzis« deshalb auch deren endgültiges Ende; nachdem sie einmal aus dem bergenden Salz befreit waren, bestaunte man sie zwar eine Weile als Sensationen, machte sich aber nicht die Mühe, sie erneut zu konservieren – was nach dem damaligen Stand der Wissenschaft allerdings ohnehin schwierig gewesen wäre.

Dennoch taucht der Hallstätter Mann im Salz noch heute regelmäßig wieder auf, nicht etwa als Gespenst, sondern als maskierte Figur, die Neugierige auf Besichtigungstour durch den historischen Teil des Hallstätter Salzbergwerks, die sogenannten Salzhöhlen, geleitet. Wen es, nebenbei gesagt, nach dem Anblick von echten Toten gelüstet, findet die (wenn auch nur in fragmentarischer Form) zu Zehntausenden im Hallstätter Beinhaus, im Untergeschoß der Friedhofskapelle neben der gotischen Pfarrkirche Mariä Himmelfahrt. In der wiederum gibt es für weniger morbide Gemüter den lebensprallen Flügelaltar von Lienhart Astl aus dem Jahr 1515 zu bewundern, der dem Pacher-Altar von St. Wolfgang an Pracht und Eleganz in nichts nachsteht.

Doch zurück zum Salz und zurück nach Hallein, wo der

Salzabbau im Dürrnberg wie der in Hallstatt mit der Eroberung des heutigen Salzburger Landes durch römische Truppen erst einmal ein jähes Ende fand – die Römer brachten das Salz, das sie im Überfluß aus dem Meer gewannen, ja nicht nur selbst mit, sondern gemeinerweise auch noch in den mitteleuropäischen Handel. Erst nachdem das römische Weltreich endgültig untergegangen war, wurde auch der Salzabbau in den Alpen wieder interessant. Allerdings waren es zuerst die bayerischen Reichenhaller, die im sechsten nachchristlichen Jahrhundert die Produktion wieder aufnahmen und sich dabei bald auch eines ganz anderen Verfahrens bedienten: Statt die Salzbrocken mühsam aus dem Berg herauszuhauen, ließen sie die Salzschächte mit Wasser vollaufen und pumpten die dabei entstehende Lauge über Soleleitungen in große Salinen, in denen das Wasser so lange verdampft wurde, bis das reine Salz übrigblieb.

Es dauerte bis zum 12. Jahrhundert, bis endlich auch am Halleiner Dürrnberg wieder Salz gewonnen wurde. Die Konkurrenz zwischen den engbenachbarten Bergwerken von Hallein, Berchtesgaden und Reichenhall sowie die jeder Form von Industriespionage förderliche Konkurrenz zwischen den verschiedenen, immer weiter perfektionierten Abbaumethoden bestimmten bis in die frühe Neuzeit ganz maßgeblich die Geschichte jener Region. Wobei es allerdings wie immer die Herren, vor allem die in Salzburg und die in der lange Zeit unabhängigen Propstei Berchtesgaden regierenden Kirchenfürsten und der bayerische Adel waren, die sich befehdeten, während ihre stets die Leidtragenden bleibenden Untertanen sich häufig über die Landesgrenzen hinweg gegen die Obrigkeit solidarisierten. So im Bauernkrieg, so aber auch in zahlreichen Aufständen der Bergknappen, die sich von der Reformation an um so mehr zur neuen protestantischen Religion bekannten, je heftiger ihre katholischen Herren diese bekämpften. Diese Auseinandersetzungen endeten erst 1731, auf ebenso brutale wie – leider – landestypische Art, durch die Vertreibung von mehr als 20000 Protestanten aus dem Land Salzburg. Absurderweise hatte Fürsterzbischof Leopold Anton Graf von Firmian von seinem Vertreibungsbefehl, dem sogenannten Emigrationspatent, ausgerechnet die Knappen des Halleiner Salzbergwerks ausgenommen, einfach weil er auf die Einkünfte aus dem Bergbau nicht verzichten mochte. Doch nun drehten die protestantischen Knappen den Spieß um und beschlossen, illegal auszuwandern. Am 30. November 1732 versammelten sich 780 Bergleute am Dürrnberg, um von dort aus gemeinsam aufzubrechen, allerdings nicht nach Berlin und Ostpreußen, wie die vor ihnen vertriebenen Glaubensgenossen, sondern in die Niederlande.

Es war nicht zuletzt die Angst vor ähnlichen Scherereien mit den Untertanen, die Salzburgs mächtigen Salzkonkurrenten im Osten einen ganz anderen und höchst merkwürdigen Weg im Umgang mit dem weißen Gold einschlagen ließ. Die wichtigen Salzlagerstätten bei Hallstatt und diejenigen im Ausseer Land gehörten ja (und gehören auch heute) nicht zu Salzburg, sondern sie lagen im Herrschaftsbereich der österreichischen Habsburgerdynastie. Die aber entschloß sich im 16. Jahrhundert, ihre Salzgebiete radikal gegen alle Einflüsse von außen abzuschirmen, indem sie deren Grenzen für jeden öffentlichen Verkehr schließen und die so entstandene Enklave als monarchieeigenes Kammergut durch eine eigene Behörde, das sogenannte Salzamt, verwalten ließ. Und dieses Salzamt igelte sich seinerseits innerhalb des habsburgischen Ämterdschungels derart erfolgreich ein, daß viele nicht einmal von seiner Existenz etwas wußten; bis heute sagen Österreicher, die mit ihren Anliegen im Wirrwarr von Behörden und Zuständigkeiten scheitern, man habe sie »zum Salzamt geschickt«.

Es hat möglicherweise etwas mit der radikalen Abschirmung des Salzkammergutes und ganz gewiß viel mit der strikt isolationistischen Zollpolitik der Habsburger zu tun, daß die Salzförderung dort der fortschreitenden Liberalisierung des Handels (man darf getrost auch sagen: der Globalisierung) nicht so schnell zum Opfer fiel wie im Salzburger Land. Bis heute wird in Hallstatt und im Ausseer Land Salz abgebaut, während das Dürrnberger Bergwerk nur mehr der Information und (man denke an die beliebten Salzrutschen) der Unterhaltung von Touristen dient.

Wer sich darüber hinaus in die historische Patina wie in die herbe Schönheit der Landschaft über Hallein vertiefen will, sollte nach dem Bergwerksbesuch nicht gleich wieder mit der Zubringerseilbahn hinunter nach Hallein fahren, sondern die Gelegenheit zu einem Spaziergang über den grünen Rücken des Dürrnbergs benützen. Er trifft dort auf ein ganz eigenartiges Gemisch aus bergbäuerlicher Alm-Idylle und frühindustriellem Zechensiedlungsmilieu. Und im kleinen Ort Dürrnberg selbst steht gleich gegenüber der auf einer ehemaligen Abraumhalde aus rotem Gestein errichteten (und wegen der Aushöhlung des Bergs akut vom Einsturz bedrohten) Wallfahrtskirche das Gasthaus *Bergmannstreu*.

Drunten im geschäftigen Alltag von Hallein ist von der auf Salz gebauten glorreichen Vergangenheit zwar nichts mehr zu spüren, aber doch noch eine ganze Menge zu sehen: Nicht nur am Stadtplatz, sondern überall im (zu

Recht komplett unter Denkmalschutz stehenden) historischen Zentrum um den Oberen Markt und den Schöndorfer Platz reiht sich ein attraktives Häuserensemble ans andere. Touristen ziehen trotzdem selten hier durch; sie beschränken sich meist auf einen kurzen Besuch der mittelalterlichen Kirche Sankt Antonius, des benachbarten Grabs des Stille-Nacht-Komponisten Franz Gruber und des kleinen Stille-Nacht-Museums. (Nebenbei: Stille-Nacht-Museen und Gedenkstätten gibt es an vielen Orten im Salzburger Land, weil der Komponist und sein Textdichter Joseph Mohr dort weit herumgekommen sind.)

Zu einem attraktivsten Halleiner Publikumsmagneten, wenn auch nur für ein paar Wochen im Jahr, hat sich die unterhalb der Altstadt liegende Perner Insel in der Salzach entwickelt. Dies nicht etwa, weil hier die ehemalige Saline des Salzbergwerks stand, sondern weil sich die Insel seit einigen Jahren zu einer außerordentlich beliebten Außenstation der Sprechtheaterabteilung der Salzburger Festspiele entwickelt hat. Auf die Idee, nach einer Aufführung über Nacht in Hallein zu bleiben, kommt freilich kaum einer. Und das ist ein Fehler; denn wer sich an einem Vormittag am Oberen Markt auf einen Kaffee niederläßt, hat die Chance, sich zum Beispiel in der Nachbarschaft von Halleiner Hausfrauen wunderbar vom Festspieltrubel zu entspannen. Und wer beim Gedankenaustausch über den nächsten geplanten Sonntagsausflug oder den mittäglichen Speisezettel die Ohren spitzt oder gar in den Plausch einbezogen wird, lernt mehr über Küchen- und Landschaftsgeheimnisse des Salzburger Landes als in vielen Reiseführern steht.

Zugeben muß man freilich: Nur mit gutem Essen und mit Ausflugsidyllen könnte Salzburg nach dem Ende des

Salzzeitalters wirtschaftlich kaum funktionieren. Und so erfolgreich die Salzburger Festspiele auch die Kassen klingeln lassen, so wenig können sie allein das Land Salzburg touristisch (und damit ökonomisch) auf den Beinen halten. Wie gut also, daß die Salzburger, kaum daß ihre Salzvorräte zur Neige gegangen waren, auf eine ganz andere Sorte von weißem Gold stießen, das sich noch dazu genau wie das Salz aus Milliarden von feinen Kristallen zusammensetzt: den Schnee.

Mit nichts, nicht mit den Festspielen, nicht mit Bäderkuren, ja nicht einmal mit seiner hochklassigen Landschaftspalette für Bergsteiger und Bergwanderer lockt Salzburg heute derart viele zahlende Gäste ins Land wie mit seinen vielen Wintersportorten und -möglichkeiten. Das Gesamtangebot ist phänomenal, ja gigantisch, wobei wir beim Wort »gigantisch« die mögliche Gedankenassoziation zur Gigantomanie zumindest billigend in Kauf nehmen: Nicht nur hartnäckige Naturschützer sind in den letzten Jahrzehnten angesichts der geradezu rasenden Energie ins Grübeln gekommen, mit der die Skipisten und Liftanlagen nahezu im Wochentakt in die Salzburger Bergwelt installiert, erweitert und mit anderen Liften und Pisten zu riesigen Ski-Karussells verbunden wurden und werden. Und während der sommerliche Fremdenverkehr unter dem Schlagwort »Sanfter Tourismus« längst dabei ist, sich vom Massenbetrieb zu verabschieden, kennt der Wintertourismus weiterhin keine Gnade: Wo partout keine Seilbahn hingestellt werden kann, läßt sich immer noch teures Heli-Skiing inszenieren, und wo sich wegen fehlender Abfahrtshänge bislang im Winter kein Fremder blicken ließ, werden wenigstens so viele Loipenkilometer wie möglich in den Tälern markiert.

Das Resultat: Salzburg ist ein Bundesland der Wintersuperlative geworden. Und mag sich der winterliche Jet-set auch nach wie vor lieber am Arlberg und in Tirol herumtreiben, so muß es in Salzburg eben die Masse bringen. An die 650 Lifte erschließen hier mittlerweile mehr als zweitausend Pistenkilometer. Masse statt Klasse also? Das wiederum wäre extrem ungerecht, und schlimmer noch: Es wäre alles andere als richtig. Promis und Möchtegern-Promis zählen ja nicht unbedingt zu den besseren Skifahrern und Snowboardern. Was also die sportliche Attraktivität von Skipisten angeht, so können die unmittelbar in oder an den Hohen Tauern gelegenen Salzburger Skigebiete nicht nur locker mit der Tiroler und Vorarlberger Konkurrenz mithalten, sie übertreffen sie sogar in sehr vielen Fällen.

Rein gebrauchsanweisungsmäßig stehen wir angesichts dieses erdrückenden Angebots allerdings ein wenig ratlos da. Zum einen können wir hier beim besten Willen nicht die vielen Salzburger Wintersportorte beschreiben, und zum anderen wäre unser Bemühen, uns immer wieder auch abseits des touristischen Hauptstroms zu bewegen, in diesem Fall schon durch die Natur der Sache von vornherein zum Scheitern verurteilt: Wer einen Skiurlaub bucht, will halt in der Regel genau das tun, was alle anderen tun: sich ohne lange Wartezeiten im Lift nach oben transportieren lassen, bei möglichst schönem Wetter auf möglichst abwechslungsreichen Pisten herumkurven, dazwischen in günstig gelegenen Hütten oder Großrestaurants Mittagspausen, Kaffeepausen und Sonnenbäder einlegen und sich abends beim Après-Ski komplikationslos unterhalten.

Angesichts dessen können wir uns hier auf den Hinweis beschränken, daß all diese Erwartungen im Salzburger

Land bestens bedient werden, und das nicht nur wegen der Anzahl, sondern auch wegen der in der Regel hervorragend organisierten sportlichen wie gastronomischen Infrastruktur seiner Wintersportregionen und Regionsverbände. Deren allergrößter, die sogenannte Sportwelt Amadé (klar, daß Mozart auch hier mitspielen muß), umfaßt allein schon fünf ausgedehnte Wintersportregionen: Hochkönig, Schladming-Dachstein-Tauern, Großarltal, Gastein und die sogenannte Salzburger Sportwelt mit den Untergebieten Radstatt, Zauchensee und Flachau. Das ergibt insgesamt 860 Pistenkilometer, die durch mehr als 270 Liftanlagen erschlossen werden. Besonders rasant geht es auf den Höhenpisten der Region Kaprun zu; allmählich ist auch der Schock der schrecklichen Gletscherbahnkatastrophe des Jahres 2000 überwunden, bei der 155 Passagiere in den in der Tunnelröhre in Brand geratenen Waggons ums Leben kamen.

Zu Recht beliebt – vor allem bei Schneetouristen aus Oberbayern – ist auch das ausgedehnte Skigebiet um Saalfelden, auch wenn oder vielleicht gerade weil es hier noch eine Spur weniger technokratisch, dynamisch und effektiv zugeht als in den weiter östlich gelegenen Super-Skiwelten. Und wer sich zur zunehmend schrumpfenden Minderheit zählt, die dem modernen Perfektionstourismus zum Trotz noch Wert auf den altmodischen, vielleicht sogar gemütlichen Skibetrieb legt, sollte sich in den relativ stillen, weil sportlich nur selten anspruchsvollen Skigebieten um Gaißau und den Hintersee oder um die Postalm oberhalb von Abtenau umsehen.

Auffällig, ja kurios bei der Betrachtung der alten wie der neuen Salzburger Goldräusche erscheint, daß sich das Salz von gestern und der Schnee von heute in der Regel hübsch getrennt voneinander halten. Natürlich wird auch im Salzkammergut Ski gefahren, und selbst am Halleiner Dürrnberg gibt es die (bei Einheimischen durchaus beliebten) Zinkenlifte. Dennoch: Die allermeisten Wintertouristen zieht es in den Pongau, den Pinzgau und in den Lungau, während das Salzkammergut in der Hauptsache ein Wunschland der Sommergäste geblieben ist. Anlaß genug, uns endlich anzuschauen, was es mit Wunsch und Erfüllung in dieser weltweit immer noch berühmtesten Ferienregion Österreichs auf sich hat.

Seen und gesehen werden – im Weißen Rößl und anderswo im Salzkammergut

Der weitaus größte Teil des Salzkammerguts, um das vorweg zu sagen, gehört nicht zum Land Salzburg, sondern zu Oberösterreich und zur Steiermark. So ändern sich die Zeiten: Vor nicht einmal hundert Jahren war Salzburg ein zwar pittoresk historisches, aber ansonsten weitgehend verschlafenes österreichisches Provinzhauptstädtchen, während Kaiser, König, Edelmann nebst der ganzen mondänen Welt im Gefolge jeden Sommer nach Ischl im Trauntal und nach Gmunden am Traunsee strebten.

Doch wir sind nun auf der Westautobahn unterwegs, die uns in diesem Fall nach Osten führt, von Salzburg ins Salzkammergut eben. Gut zwei Dutzend Kilometer, dann nehmen wir die Ausfahrt Mondsee – und sind schon in Oberösterreich. Jedenfalls dann, wenn wir uns am östlichen Ufer des Mondsees bewegen, auf dem auch die touristische Hauptattraktion liegt: der Ort Mondsee selbst mit der sehr schönen gotischen Pfarrkirche Sankt Michael, deren Inneres der Mondseer Bildhauer Meinrad Guggenbichler gleich mit einer ganzen Reihe herrlicher Barockaltäre ausstattete. Die ruhigere Uferstraße und die besseren Badeplätze dazu – der Mondsee ist mit einer Sommertemperatur von bis zu 25 Grad der mit Abstand wärmste See im Salzkammergut, das muß man ausnutzen – hat's allerdings am Salzburger Westufer. Nach dem Bad kehren wir noch in einem der kleinen Ufercafés ein oder lassen uns im Schatten der Drachenwand im gleichnamigen Restaurant eine gebratene Mondsee-Reinanke (so heißen hier die Renken) schmecken.

Dann ist der kleine Mondsee aber auch schon wieder zu Ende. Vom kleinen Weiler Scharfing führt eine kurvenreiche Straße direkt weiter nach St. Gilgen und an den Wolfgangsee. Doch bevor wir auf die zurückkommen, fahren wir noch ein kurzes Stück am Südufer des Mondsees entlang und wechseln dann an den Hängen des kleinen Seeachetals wieder hinüber ins Oberösterreichische, nach Unterach am Attersee.

Dieser Attersee ist nicht nur der größte See des Salzkammerguts, sondern merkwürdigerweise – jedenfalls außerhalb des praktisch an der Westautobahn gelegenen und entsprechend überlaufenen Seewalchen und des ein wenig südlicheren Ortes Attersee – auch einer der ruhigsten. Am schönsten aber ist der Attersee an seinem südlichen Ende, eben bei Unterach. Wir sind buchstäblich alle Seeufer des Salzkammerguts abgefahren, bis wir endlich diesen Ort gefunden haben, in dem es selbst im Juli und im August so wunderbar friedlich zugeht, als sei die Zeit in der Sommerfrische wirklich und wahrhaftig stehengeblieben.

Dabei war Unterach einmal ein höchst prominenter Urlaubsort. Nicht wenige berühmte Künstler haben hier den Sommer verbracht, unter ihnen der Komponist Johannes Brahms und der Maler Gustav Klimt, der seine Attersee-Impressionen auch in einer ganzen Reihe von Zeichnungen und Gemälden festhielt.

Doch irgendwann, es muß schon eine ganze Weile her sein, war Unterach einfach nicht mehr »in«; gerade darum ist es ja so reizvoll. Es gibt wohl eine freundliche Herberge mit Restaurant und schöner Seeterrasse am kleinen Unteracher Hafen (einmal erlebten wir hier sogar eine wunderbare Freilichtaufführung von Hofmannsthals ›Elektra‹, dargeboten von einer fahrenden Schauspieltruppe), aber es gibt weit und breit kein einziges Luxusappartement, keine Souvenirläden, keine Bustouristen. Und so soll's gern auch bleiben. Dann ist Unterach auch in Zukunft zwar ohne große Umstände von Salzburg oder von der Westautobahn aus zu erreichen, und bleibt andererseits doch vom jeweils nächsten und prominenteren Reiseziel um jene paar Kilometer entfernt, die für die allermeisten Touristen die Distanz zwischen Vorsatz und Realität ausmachen: »Da sollte man unbedingt auch mal vorbeischauen!« – »Aber lieber ein andermal, heute sind wir doch schon zu müde für Neuentdeckungen...«

Wir machen es jetzt umgekehrt und fahren vom fast vergessenen Unterach zum allerprominentesten aller Reiseziele im Salzkammergut, nämlich an den Wolfgangsee. Und da kommen wir erst einmal, ob wir wollen oder nicht, nach St. Gilgen. Um die Wahrheit zu sagen: Wir wollen eher nicht. Obwohl der Ort immer noch als »Hauptstadt des Salzkammerguts« bezeichnet wird, wirkt St. Gilgen (so benannt übrigens nach dem Mundartnamen des heiligen Ägidius) heute ziemlich derangiert, ohne dabei – das verhindert schon die dicht vorüberführende große Salzkammergut-Bundesstraße – wirklich verschlafen zu wirken; Verschlafenheit hätte ja einen eigenen Reiz. Gewiß, der Ausblick auf den Wolfgangsee und auf die umliegenden Berge von hier aus ist immer noch wunderschön, auch der alte Raddampfer »Kaiser Franz-Joseph I.« legt hier immer noch an und ab. Doch das zugegeben nette dörfliche Ortszentrum wirkt mittlerweile ziemlich eingezwängt zwischen mausgraue bis häßliche Kommerzbauten auf der Berg- und alpenkitschige bis belanglose Hotels und Pensionen auf der Seeseite.

Fazit: Wenn es schon der prominente Wolfgangsee sein muß, dann bitte aber auch gleich sein nach wie vor prominentester Platz: *Das weiße Rößl.* Nichts wie hin also, auch wenn wir dabei, es gibt keine andere Straße nach St. Wolfgang, fast den gesamten See umfahren müssen. Wir tun das jetzt auch, in diesem Fall nicht obwohl, sondern gerade weil da eh jeder hin will.

Wirklich jeder? Es gibt Leute, die absichtlich an St. Wolfgang am Wolfgangsee vorbeifahren, es gibt aber vor allem in den letzten Jahren auch manche, die das nicht ganz freiwillig tun. Grund dafür ist der Tunnel, der all jene verschluckt, die nicht geistesgegenwärtig genug waren, auf den unmittelbar vorm Tunneleingang gelegenen Parkplatz abzubiegen. Von diesem Parkplatz aus sollte man dann nicht die ausschließlich mit Souvenirshops, pseudoedlen Boutiquen, Pensionen »mit Seeblick« und anderen Touristenfallen bestückte Promeniermeile hinunter zum See benützen, sondern die links bei der Terrasse des Restaurants *Peter* abzweigende steil abfallende Gasse. Sie führt durch das letzte erhaltene Stück vom alten, oft sogar mittelalterlichen St. Wolfgang bis zu der schönen, in ihrer gedrängten Wucht freilich fast überdimensionierten Pfarrkirche, der der Ort seinen Namen verdankt. Deren Besichtigung, vor allem die des herrlichen Flügelaltars von Matthias Pacher, ist absolute Pflicht. Bei dieser Gelegenheit werden wir auch daran erinnert, daß St. Wolfgang lange Zeit alljährlich das Ziel von Tausenden frommer Wallfahrer war, bevor Hunderttausende von Touristen sie ablösten. Dies nur oder doch in der Hauptsache wegen der berühmten Operette vom *Weißen Rößl* – und obwohl (fast) alles, was die Operette darüber mitteilt, gelogen war und ist.

Bis heute behauptet der Werbeprospekt des mittlerweile zum Wellness- und Erlebnistempel hochgerüsteten St. Wolfganger Hotels ungerührt folgendes: »1896 schreiben die Schriftsteller Oskar Blumenthal und Gustav Kadelburg während ihres Aufenthaltes im Weissen Rössl das romantische Lustspiel vom liebenden Oberkellner und der reschen Rösslwirtin. 1930 komponiert Ralph Benatzky die mitreißende Musik und am 8. November 1930 ist die Premiere der Operette ›Im Weissen Rössl‹ im großen Schauspielhaus in Berlin. Seit damals galoppiert das Weisse Rössl, in viele Sprachen übersetzt, rund um die ganze Welt und berichtet von der Urlaubsromantik am Wolfgangsee.«

Das wirklich Dreiste an dieser Lüge ist, daß sie Wort für Wort der Wahrheit entspricht – und doch das Gegenteil der Wahrheit suggeriert, indem sie das entscheidende Detail verschweigt: Das Restaurant *Weißes Rößl*, in dem das gleichnamige Lustspiel geschrieben wurde, stand nicht in St. Wolfgang und nicht einmal am Wolfgangsee, sondern in dem kleinen Ort Lauffen jenseits von Bad Ischl. Dies aber ließ Antonie Drassl, der damals schon geschäftstüchtigen Rößlwirtin vom Wolfgangsee, schon deswegen keine Ruhe, weil ihr klar war: Der große Erfolg der

Komödie beruhte auf der Sehnsucht deutscher Großstadtpflanzen nach sommerlicher Urlaubsromantik in einer heilen Alpenwelt. So wandte sich Frau Drassl von Pontius zu Pilatus, um sich weithin als die echte Rößl-Wirtin bekanntzumachen. Es fällt nicht schwer, sich die einschlägigen Dialoge vorzustellen. Antonie D., mit verschämtem Knicks: »Gestatten übrigens, ich bin die Rößlwirtin.« – Potentieller deutscher Feriengast, ungläubig erstaunt: »Was?! Die berühmte Rößlwirtin? Sie selbst?« – Antonie D., bescheiden souverän: »Ja, eh.« – Potentieller Gast, begeistert: »Haben Sie noch Zimmer frei im nächsten Juli? Oder besser gleich eine ganze Suite?«

Für den Rest sorgten der Berliner Operettenproduzent Erik Charell und der Schauspieler Emil Jannings, als sie sich Ende der zwanziger Jahre im *Weißen Rößl* – diesmal in dem am Wolfgangsee – trafen. Jannings erzählte Charell begeistert von der Komödie, in der er als Sechzehnjähriger debütiert hatte, Frau Drassl (»Gestatten, ich bin die Rößlwirtin«) gesellte sich zwanglos dazu, Charell ist voller Begeisterung, steckt damit in Berlin den Komponisten Benatzky wie den Textdichter Jean Gilbert an – und das Schicksal des *Weißen Rößl*, des Wolfgangsees und des ganzen Salzkammerguts ist von da an nicht mehr aufzuhalten.

Heute speist man im *Weißen Rößl* gehobene österreichische Küche, zu gehobenen Preisen natürlich, aber das ganze Urlaubsbudget geht dabei nicht gleich drauf – jeder beliebige Edelitaliener in München oder Hamburg (und jeder Edeljapaner in Düsseldorf) ist deutlich teurer. Und außerhalb der Hochsaison kriegt man hier sogar ohne Voranmeldung einen Tisch mit Seeblick. Wer freilich beim Essen – ganz wie im Operettentheater – unbedingt das *Weiße Rößl* selbst vor Augen haben will, muß eine Hausnummer daneben Platz nehmen, im *Weißen Hirschen*, der vom gleichfarbigen *Rößl* nur durch eine schmale Anlegebucht für Kleinboote getrennt ist.

Übrigens: Anders, als es unzählige *Weiße-Rößl*-Bühnenbilder und -Verfilmungen hartnäckig suggerieren, liegt der große Kai, an dem der Vergnügungsdampfer die Touristen an Land spuckt, durchaus nicht unmittelbar beim weißen Rößl, ja nicht einmal in dessen Sichtweite. Was umgekehrt heißt: Wer quer über den See nach St. Wolfgang gereist ist, muß (immer links halten!) erst einmal an einer Handvoll schwarzer Rößl, goldener Lämmer, blauer Geier und dergleichen vorbei. Wir übertreiben nur unwesentlich: Die Namen der unzähligen Rößl-Imitate von St. Wolfgang zeugen vom selben Phantasieniveau wie deren stets putzige Einrichtung und, Gott sei's geklagt, deren Küche. Den Touristen freilich freut's – keineswegs nur den japanischen. Und der Tourist hat immer recht, sogar wenn er hier den Kaiser sehen will.

Dabei kam der Kaiser Franz Joseph, in heutigen ›Weißen-Rößl‹-Inszenierungen und -Verfilmungen (wenn auch nur als Edelstatist im Sinn des Wortes) eine unentbehrliche Zutat, im ursprünglichen Lustspiel gar nicht vor. Dies schon deswegen nicht, weil Seine Majestät niemals geruhten, St. Wolfgang einen Besuch abzustatten, so wenig übrigens wie dem ursprünglichen Lustspielort Lauffen. Den Berliner Operettenkünstlern freilich war das alles piepegal, sie setzten schlicht auf den nostalgischen Marktwert des kaiserlichen Sommerfrischlers, so wie es heute die ganze Region um den Wolfgangsee tut, allen voran Bad Ischl.

Ein paar Schreckjahrzehnte lang war es nach der Abdankung des Kaisers und dem folgenden Niedergang des alten

Österreich sehr ruhig in Bad Ischl. Doch mittlerweile ist der nostalgiefixierte Ischl-Tourismus längst wieder in Schwung gekommen. Es ist ja schließlich fast alles noch stehengeblieben aus der kaiserlich-königlichen Sommerfrischen-Epoche, auch die kaisergelbe Kaiservilla inklusive Park und Sissi-Cottage.

Übrigens brach in der Ischler Kaiservilla der Erste Weltkrieg aus, und nicht etwa in Sarajewo: Mit dem dort auf den auch in Wien und Berlin wenig beliebten österreichischen Thronfolger verübten Pistolenattentat wären Europas Diplomaten wohl irgendwie zu Rande gekommen, hätte Österreichs Kaiser Franz Joseph nicht (nach Rücksprache mit den eifrig »Nibelungentreue« schwörenden Preußen) jenes Ultimatum an Serbien abgeschickt, das den Krieg unausweichlich machte. Der greise Monarch unterzeichnete das fatale Schriftstück in seiner Sommerresidenz, eben der Kaiservilla in Ischl. Und mit nur wenig Zuspitzung kann man deshalb behaupten, Ischl habe sich selbst den Garaus gemacht.

»Ich habe es nicht gewollt«, hat Franz Joseph später – zu spät – gesagt. Daß und warum er nicht anders gekonnt hat: Auch das begreift man in Ischl, wenn man ein bißchen genauer hinschaut. Nicht nur heute sieht es hier nämlich so aus, als sei die Zeit stehengeblieben; das war auch vor hundert Jahren schon so. Noch drastischer gesagt: Im Grunde genommen ist das ganze kaiserlich-königliche Ischl nichts anderes als ein Versuch, die Zeit anzuhalten oder gar, noch schlimmer, sie mit aller Gewalt von sich fernzuhalten. Der Kaiser, die »besseren« Kreise, die ihm hierher folgten, und schließlich das Künstlervolk und die vielen »Adabeis«, die ihrerseits ständig den besseren Kreisen nachrannten – sie alle schätzten diese kleine Provinzstadt im Salzkammergut ja gerade deswegen, weil sie sich hier so wunderbar von der Zeit, von der sie alle bedrängenden und alles verwirrenden Gegenwart abschotten konnten.

Natürlich war um 1900 auch in Bad Ischl die Welt nicht in Ordnung. Aber hier ließ es sich sehr viel leichter als in der Metropole Wien mit ihren damals rasch wachsenden Arbeitervorstädten und Elendsquartieren so tun, als sei sie in bester Ordnung. Eine komplette Oberschicht machte sich Illusionen, und ihre wichtigsten Helfer dabei waren die Architekten. Keines der vielen damals entstandenen Gebäude, von der Kaiservilla bis zu den schmucken Hotels und Bürgerhäusern entlang der Ischler Esplanade, ist wirklich stilecht; was deren Bauherren seinerzeit im Sinn hatten, war von vornherein Dekor, Vortäuschung, auch Selbsttäuschung. Mit anderen Worten: Ischl, das Ischl, das alljährlich Hunderttausenden von Bustouristen als kostbares Relikt einer guten alten Zeit verkauft wird, ist und war vor allem Kitsch.

Darüber muß man nicht unbedingt erschrecken; es kann einen auch amüsieren. Die verschärfte Neigung zur Realitätsflucht war schließlich auch der Grund dafür, daß das Kaiser-Ischl und das Operetten-Ischl schon immer nahtlos ineinander übergegangen sind. Der Kaiser und sein Hofstaat spielten sich selbst, die Operettenstars spielten Hofstaat und ließen sich in der Konditorei *Zauner* huldigen.

Diese Konditorei gibt es übrigens immer noch in Ischl, ebenso wie das legendäre altösterreichische Kaffeehaus *Ramsauer.* Und wie an der nach wie vor wunderschönen Traun-Promenade können wir uns auch hier endlich mit dem Nostalgietourismus aussöhnen: Daß so etwas wie das Café *Ramsauer* nicht ausstirbt, nicht einmal zeitgeistig aufgemotzt oder dem Schlürf-and-Fun-Stil der globalen Cafeteria-Mode angepaßt wird – das gibt es wirklich nur noch im weiland kaiserlich-königlichen Österreich.

Von Ischl aus hat man wieder einmal zwei Möglichkeiten. Die Bundesstraße 145 führt rechts hinauf in den letzten und östlichsten Winkel der einstigen kaiserlichen Salzdomäne, das steirische Salzkammergut. Wir entscheiden uns aber vorläufig für die andere Richtung und fahren dem Tal der Traun entlang zum Traunsee. Ein paar Kilometer, bevor wir Ebensee erreichen, ist allerdings noch ein Abstecher fällig, der an schönen Sommertagen in einen ausgewachsenen Tagesausflug münden kann. Grund für unseren Abstecher ist nämlich der konkurrenzlos malerisch in die bewaldeten Ausläufer des Toten Gebirges eingebettete Offensee. Der ist zwar klitzeklein, bietet aber gleich eine ganze Reihe von schönen Naturbadeplätzen; obendrein besitzt sein Wasser Trinkwasserqualität. Was will man mehr? Ein hübsches Gasthaus am See? Bitte schön, damit kann der Offensee auch dienen, in Gestalt der zwanzig Fußminuten vom Parkplatz entfernten Jausenstation *Seeau*. Deren Wirtin hält ein Dutzend zahme Stockenten, zur Freude der Kinder; zur Verwirrung der Kinder nennt sie ihre Enten allerdings beharrlich Hennen.

Der Offensee liegt übrigens inmitten des kaiserlichen Jagdreviers – Franz Joseph I. hat sich deswegen ein kleines Jagdschloß hier hingestellt – und damit in einem Gebiet, das innerhalb des ohnehin kaum zugänglichen Salzkammerguts noch einmal zusätzlich für das Publikum abgesperrt war. Heute ist das nicht mehr so, einerseits Gott sei Dank und andererseits leider: die Schönheit des Offensees hat sich (und wird von rührigen Fremdenverkehrsämtern) herumgesprochen, mit der Folge, daß man an schönen

Hochsommerwochenenden hier kaum noch einen freien Platz findet. Wer zwei gesunde Beine hat, braucht aber auch dann nicht zu verzagen; denn selbst der romantische Offensee ist noch zu toppen, im wahren Sinn des Wortes: Wer von seinem Südende aus auf steilem, aber sicherem Pfad noch oben steigt, erreicht nach zweieinhalb Stunden das *Rinnerstüberl* (eine wunderbare Einkehrmöglichkeit) und nach einer weiteren halben Stunde auf nun vorbildlich flach ansteigendem Weg eine weltabgeschiedene Kostbarkeit: den von Almwiesen, Legföhren, Felsen und – Sensation! – sogar von kleinen Sandstränden umringten Wildensee. Natürlich kann und soll man in dem auch baden, doch Vorsicht: Aufgrund der stolzen Seehöhe von immerhin 1535 Metern ist mit der Wassertemperatur vor Anfang August nicht zu spaßen.

Gemäß unserem Seen-Kontrastprogramm – mal friedlich, mal betriebsam – fahren wir nun zurück an die Bundesstraße, über die wir bald Ebensee und nach einer aussichtsreichen Fahrt am westlichen Traunseeufer entlang die schöne barocke Bürgerstadt Gmunden erreichen. So sehr hier auch die See-Esplanade und die Traun-Promenade mit ihren vielen Terrassenrestaurants locken, man sollte sich auf jeden Fall Zeit für einen ausgiebigen Spaziergang durch die von bunt bemalten Häuserfronten gesäumten Straßen und Plätzen der Gmundener Altstadt nehmen. Im übrigen, Bürgerstadt hin oder her, als Hauptattraktion gilt vor allem deutschen Besuchern das ihnen aus der entsprechenden Fernseh-Dauerserie wohlbekannte Schloß Orth; die in der Tat imposante gotische Anlage auf einer kleinen Seeinsel, im Grund mehr Burg als Schloß, entstand in ihrer heutigen Form zwischen dem 14. und dem 16. Jahrhundert.

Nicht nur dieses Schlosses wegen, das damals im Besitz

des österreichischen Erzherzogs Johann Salvator war, zog es zu Anfang des 20. Jahrhunderts viele gekrönte Häupter, darunter den deutschen Kaiser, den englischen König und den russischen Zar zum Sommerurlaub nach Gmunden; ihnen folgten, wie dem österreichischen Kaiserpaar nach Ischl, zahllose andere berühmte und möchtegernberühmte Zeitgenossen.

Auch in Gmunden ist diese ganz große Zeit mit den Kaisern zu Ende gegangen; doch anders als Ischl, das heute fast ausschließlich Tagesausflüglern zum Ziel dient, ist Gmunden ein höchst populärer Urlaubsort geblieben. Dabei tut es der Stadt wie dem ganzen Traunsee gar nicht so schlecht, daß man hier von der Nähe Salzburgs und seines geldigen Festspieltourismus kaum noch etwas spürt. Was die oberösterreichischen Gmundener übrigens nicht daran gehindert hat, sich in den letzten Jahren ihre eigenen sommerlichen See-Festwochen aufzubauen. Organisatorisch kann das übrigens kein besonders großes Problem gewesen sein: In ganz Österreich wimmelt es den Sommer über geradezu von Musikern, Schauspielern und Regisseuren, die die Theaterferien gern dazu nützen, sich ein (oft recht opulentes) Zubrot zu verdienen, weswegen man, wir haben es am Anfang dieses Buches ja schon angedeutet, hier auf Schritt und Tritt künstlerischen Sommerfestivals begegnet.

Um endlich den letzten und abgelegensten Teil des Salzkammerguts zu Gesicht zu bekommen, müssen wir von Gmunden aus noch einmal den Weg über Ischl nehmen. Von hier aus geht's hoch ins steirische Salzkammergut. Das Ausseer Land ist oder war jedenfalls lange Zeit der literarischste Teil des Salzkammerguts und der vornehmste dazu. Dies gerade deswegen, weil es hier immer sehr viel weniger protzig und prächtig zuging als drunten in Ischl in der Umgebung des Kaisers oder drüben (»draußen« sagen die Ausseer) am Wolfgangsee, wo sich der Operetten-Jetset seine Stelldicheins gab. Keine Rede von so etwas hier im Steirischen:

»Wir wohnen alle in verschiedenen kleinen Häusern an der Berglehne über dem dunklen See, essen und nachtmahlen bald bei dem einen, bald bei dem andern, Franckenstein komponiert kleine Lieder, die ich in Marienbad gemacht habe, mittag fahren wir im Boot hinaus und baden, bis tief in die sternenhellen Nächte hinein gehen wir spazieren oder sitzen auf dem Geländer vor einem Bauerngarten und reden miteinander. Die Leute, denen wir begegnen, kennen uns und sind alle in gewisser Weise hier zu Hause, einmal ist es der Reichskanzler Hohenlohe und einmal eine ganz runzlige Bauernfrau mit einem Liter Milch.«

So schilderte der Feriengast Hugo von Hofmannsthal seinen Altausseer Sommerurlaub im Jahr 1899. Daran hat sich natürlich mittlerweile vieles geändert – aber doch noch nicht alles. Altaussee? Immer noch vermuten neunzig von hundert Zeitgenossen bestenfalls, daß das so ein (alter?) See in Österreich sei, und liegen selbst damit falsch. Altaussee ist ein Ort mit knapp tausend Einwohnern (man darf ruhig sagen: ein Kuhdorf) im steirischen Salzkammergut; der dazugehörige See heißt Altausseer See. Das ist keineswegs eine österreichisch-umständliche Verdopplung; der Name Aussee hat mit Wasser nichts zu tun, sondern kommt vom slawischen osoje – und das heißt soviel wie schattig und dunkel.

Der Fremdenverkehrsverein legt auf diese Herleitung verständlicherweise wenig wert. Aber die wirklich vornehme Welt mochte einst den Ausseer Schatten (erhält die blasse Haut!), und merkwürdiger Weise mochten ihn auch die Literaten und die Komponisten. Fritz Herzmanovsky-Orlando kam hierher, Friedrich Torberg, der Komponist Erich Maria Korngold auf Empfehlung des Komponisten Gustav Mahler; der wiederum wandelte dort auf den Spuren von Hugo Wolf und Johannes Brahms. Fehlen noch Musiker? Richtig, Richard Strauss war auch hier (die Hofmannsthal-Connection!) und, darauf legt der Fremdenverkehrsverein besonderen Wert, Wilhelm Kienzl, der Komponist des ›Evangelimann‹.

Die Dichter-Litanei von Altaussee hört schon überhaupt nicht auf: Stifter, Grillparzer, Rosegger muß man nicht mitzählen, weil die von Haus aus kamen, als Berufsösterreicher. Ganz bewußt (und immer wieder) nach Altaussee gekommen sind unter anderen: Rilke, Schnitzler, Broch, Wassermann, Zweig, Lernet-Holenia sowie, außer Konkurrenz, Sigmund Freud. Und um sie herum stets jede Menge von Sekundärliteraten, Journalisten und anderen Müßiggängern.

Irgendwann freilich ging die Litanei zu Ende. Torberg, der seine Bestseller-Tanten Jolesch 1 und 2 selbstverständlich in Altaussee zu Papier brachte, hielt die Stellung bis in die siebziger Jahre. Davor, im amerikanischen Exil, hatte er jene vier Gedichtzeilen verfaßt, die der Ausseer Fremdenverkehrsverein am allermeisten von seinen Werken schätzt: »Gelten noch die alten Strecken? Streben Gipfel noch zur Höh? Ruht im bergumhegten Becken noch der Altausseer See.« (Die wirkliche Bedeutung dieser Zeilen liegt darin, daß sie Nichteingeweihte mit der richtigen Betonung des Wortes Altaussee vertraut machen: auf der letzten Silbe!)

Um aber Torbergs Frage heute zu beantworten: Die alten Strecken gelten nicht mehr. Die Gipfel streben noch zur Höh – aber mit ihnen plötzlich auch eine »Panoramastraße« auf den Altausseer Hausberg Loser. Aus den Wegen, auf denen die Schriftsteller und Komponisten lustwandelten, wurden kulturhistorische Lehrpfade für Alltagstouristen. Immerhin, Marcel Reich-Ranicki macht auch heute noch gern Urlaub in Altaussee – der Mann wußte schon immer, was er der Tradition schuldig ist. Und in Barbara Frischmuth besitzt der Ort endlich sogar eine leibhaftig hier geborene prominente Schriftstellerin.

Besser noch: Klaus Maria Brandauer, ein noch berühmterer Eingeborener (früher bekannt als James Dean von Altaussee), studiert manchmal Privatproduktionen ein, die er exklusiv in Aussee aufzuführen pflegt. Denn a bisserl exklusiv soll's schon bleiben am Altausseer See, darin sind sich die Stammgäste und ihre Gastgeber einig, und nach Möglichkeit a bisserl künstlerisch dazu. Das Hotel *Seevilla* denkt sich ein Konzept aus, in dem die Kultur endlich wieder zu Ehren kommen soll. Und die österreichische Literarmechana (das Gegenstück zur deutschen VG Wort) hat am See zwei kleine Wohnungen gemietet, um sie literarischen Stipendiaten zur Verfügung zu stellen. Wenn jetzt noch einer die Panoramastraße wieder abreißt, wer weiß: Vielleicht wird die Altausseer Vergangenheit eines Tages doch noch zur Zukunft.

Geheimtips für Flußregenpfeifer – an der Salzach entlang nach Süden

Wer mehr vom Land Salzburg sehen will als dessen Hauptstadt selbst, muß sich gleich am Anfang entscheiden: Entweder er fährt nach Osten in Richtung Salzkammergut, oder der Salzach entlang nach Süden. Wer diese zweite Variante wählt, hat nicht nur die Alpen von Anfang vor Augen, sondern auch die Möglichkeit, seine Ziele im Pinzgau, Pongau oder Lungau auf der Tauernautobahn schnell und höchst komfortabel zu erreichen.

Falls Sie von dieser Möglichkeit Gebrauch machen wollen, dürfen Sie das hier folgende Kapitel getrost aus Ihrem Buch herausreißen. Am besten werfen Sie es auch gleich weg; sonst lesen Sie es womöglich hinterher doch noch, und ärgern sich dabei grün und schwarz darüber, daß Ihnen das beste an Salzburgs südlichen Gauen entgangen ist: der wunderschöne Weg dahin und das, was sich links und rechts dieses Weges alles entdecken läßt.

Die erste und wichtigste Voraussetzung für solche Entdeckerfreuden heißt selbstverständlich: Hände beziehungsweise Räder weg von der Autobahn! Statt dessen benützen wir prinzipiell die Salzachtal-Bundesstraße. Damit uns das leichter fällt, legen wir unsere erste Rast gleich ganz am Anfang ein, und das ohne jedes schlechte Gewissen: Gute zehn Sekunden(!) nämlich nach dem Abbiegen auf jene Straße erwartet uns eine Institution, an der wir noch nie vorbeigekommen sind: der Schloßwirt zu Anif, nebst dazugehörigem Schloß.

»Das Schloss Anif liegt außer dem Dorfe dieses Namens in dem vormaligen Pfleggerichte Glaneck, in einem angenehmen Tale zwischen der Halleiner Landstrasse und der Aue, wo es aus der Mitte eines grossen und spiegelhellen Teiches hervorragt.« So konnte man es 1808 im »Intelligenzblatt von Salzburg« lesen, aber mehr ist den Redakteuren nicht zu diesem Thema eingefallen; damals war das schon um 1500 urkundlich erwähnte Anifer Wasserschloß ein offenbar wenig ansehnliches, wenngleich echtes altes Gemäuer. In seine höchst dekorative, aber leider gefälschte Spielzeugburg-Gestalt verwandelte sich das Schloß erst nach 1840, als es der bayerische Graf Alois von Arco-Stepperg mitsamt dem zugehörigen Bauerngut, dem heutigen Schloßwirt, kaufte und nach dem Geschmack seiner Zeit – pseudogotisch – umbauen ließ.

Die entzückt knipsenden japanischen Touristen stören solche Feinheiten so wenig wie sie die deutschen und österreichischen Spielfilmproduzenten der fünfziger, sechziger und siebziger Jahre störten, die regelmäßig auf Anif zurückgriffen, wenn wieder einmal ein romantisches Schloß gebraucht wurde. Über die Tochter des Grafen Arco kam das Schloß dann an deren Neffen Johannes Graf von Moy, der so schlau war, zwar das Schloß und den hübschen kleinen Schloßpark für die Öffentlichkeit zu sperren, aber dafür den alten Gasthof *Schloßwirt* von Grund auf (und diesmal sehr stilsicher) zu renovieren und so zur Publikumsattraktion zu machen.

Uns soll es sehr recht sein: Lieber genießen wir ja die Schmankerl der Schloßwirtküche (gleich ob Deftiges wie das Lammbratl, verwegen Exklusives wie den gebratenen Seeteufel mit geschmorten Schweinsbackerln oder Süßes wie den Topfen-Himbeer-Schmarren) aus der Nähe und den Anblick des Wasserschlosses aus der Ferne als umgekehrt...

Den nächsten Halt auf unserer Fahrt durchs Salzachtal machen wir diesmal nicht in Hallein (da haben wir uns ja schon ausgiebig umgesehen), sondern ein paar Kilometer weiter in Bad Vigaun, das seine noch sehr junge Kurort-Karriere ausgerechnet der schweren Ölkrise von 1978 verdankt. In ihrer Not haben die Salzburger damals im eigenen Land nach dem schwarzen Gold gebohrt, auch in Vigaun, wo sie – in 1600 Meter Tiefe – zwar nicht auf Erdöl stießen, aber zu ihrer großen Überraschung auf schwefelhaltiges Thermalwasser.

Doch trotz seines neuen Titels ist Bad Vigaun alles andere als ein überlaufener Kurort Vor allem der alte, gemütlich um die sehr sehenswerte und überraschend großdimensionierte Pfarrkirche Sankt Dionys und Blasius (die schonen Sterngewölbe stammen aus der Gotik, die Innenausstattung aus dem Barock) gruppierte Ortskern wirkt sympathisch verschlafen, so als sei die Zeit an ihm vorübergegangen. In Wirklichkeit ist sie das keineswegs, leider: Was an Vigaun, und zwar kaum einen Steinwurf weit, vorübergegangen ist und bis heute vorübergeht, ist die Trasse der Salzachtalautobahn, die den idyllischen

Dorffrieden mit einem mal an-, mal abschwellenden, aber nie ganz verstummenden Grundton von Verkehrsgeräuschen hinterlegt.

Zum Ausgleich führt wenigstens die Salzachtal-Bundesstraße nicht mehr durch Vigaun hindurch, weswegen wir, um hierherzukommen, beim Wirtshaus *Langwies* (auch keine schlechte Jausenadresse) einen kleinen Schlenker nach links einlegen müssen. Zudem steht das moderne Vigauner Bade- und Kurzentrum, anders als das Ortszentrum, ein deutliches Stück von der Autobahn entfernt. Ein Glück für potentielle Kurgäste, wenn auch nicht für die Bewohner und Liebhaber des alten Vigaun. Die können sich immerhin beim *Neuwirt* (gleich neben der Kirche, aber aufgepaßt! – einen *Kirchenwirt* gibt's auch noch) trösten: Ein Salzburger Landgasthof wie aus dem Bilderbuch, mit trefflicher Küche, bemerkenswert gut gepflegtem Weinkeller – und einem wunderschönen, im »Schallschatten« des soliden Wirtshauses liegenden Gastgarten: Schaut man von hier aus bei einem Glas Gelben Muskateller (ein wunderbarer Aperitif-Wein) übers Salzachtal hinweg auf den nahen Hohen Göll und seine im Licht der Abendsonne schimmernden Riesenwände, ist einem die Sache mit der Autobahn plötzlich schnurzpiepegal.

Übrigens, apropos Autobahn: Noch schneller als auf der (und als wir auf der Salzachtalstraße sowieso) kommt, wer mag, neuerdings mit der Salzburger S-Bahn nach Vigaun. Doch, Sie haben schon richtig gehört: Salzburg ist mittlerweile derart weltstädtisch, daß es sogar eine S-Bahn sein eigen nennt. Daß der normale Festspieltourist davon nichts bemerkt, liegt daran, daß diese S-Bahn vor allem die Orte des Salzburger Umlands miteinander und mit der Stadt verbindet. Noch ist das Streckennetz im Ausbau begriffen, aber bis Garnei (eine Station hinter Vigaun) soll es im Mozart-Jahr 2006 bereits reichen.

Wir fahren jetzt aber weder zur S-Bahn noch gleich zur großen Bundesstraße zurück, sondern ein paar Kilometer nach Osten zur lange Zeit (und von verschiedenen Reiseführern bis heute) als »älteste Brücke Europas« ausgegebenen »Römerbrücke«. Obwohl sie in Wirklichkeit nicht von den Römern, sondern »erst« 1613 im Auftrag der Kleingemeinden des Gerichtsbezirks Golling gebaut wurde, erinnert sie an Salzburgs römische Vergangenheit. Sicher ist nämlich, daß die große römische Nord-Süd-Verbindung, die Heer- und Handelsstraße von Aquileja nach Juvavum (so hieß damals Salzburg), hier in der Nähe den kleinen Gebirgsfluß Taugl gequert haben muß. Bei Niederwasser führte ungefähr eineinhalb Kilometer flußabwärts von der heutigen Brücke entfernt eine Furt über die Taugl. Und viel spricht dafür, daß bei Hochwasser der Verkehr schon damals über eine Brücke aus Holz oder Stein auswich.

Früher hieß die Römerbrücke auch Teufelsbrücke; diese Bezeichnung war für besonders hohe oder kühn gebaute Brücken auch anderswo in den Alpen üblich. Und daß es hier nicht nur in alter Zeit sehr gefährlich herging, beweist ein unmittelbar an der Brücke aufgestelltes Marterl. Es zeigt im Bild den tragischen Absturz eines Unglücklichen in die Taugl und tragt, typisch für diese Totengedenktafeln, eine ebenso fromme wie lakonische Aufschrift: »Maria, gnadenreiche, wenn ich im Tod erbleiche, hilf mir im letzten Streit! Am 10. November 1943 hat hier im Tauglbach bei einer Arbeit der Müller Johann Schnöll einen jähen, aber nicht unvorbereiteten Tod gefunden. Er ruhe in Frieden. Vater unser!«

Mittlerweile wurde das Flußbett der Taugl (und mit ihm die alte Brücke) beim Ausbau der Kolomaner Landesstraße neu überbaut. Darunter, direkt bei der alten Brücke, unter der ein prächtiger Wasserfall haushoch von einem Becken zum anderen rauscht und dröhnt, setzt heute ein wildromantischer und doch recht kommod zu begehender Fluß- und Klammweg durchs Tauglgrieß ein. Grieß oder Gries ist der alte Name für Geröll jeder Art, und das Tauglgrieß im speziellen zeigt sich als wunderbare Wildwasserlandschaft, in der sich enge Klammdurchbrüche immer wieder zu breiten Kiesbänken erweitern. Geographen reden nüchtern von »ausgedehnten vegetationsfreien Schotterflächen«, doch unsereiner denkt da sofort an ideale Badeplätze. Leider ist das aber zu kurz gedacht: Weil hier nicht nur einige seltene Tier- und Pflanzenarten leben, sondern das Tauglgrieß obendrein eines der letzten europäischen Brutgebiete der Flußregenpfeifer darstellt, darf es zwischen Anfang April und Ende Juli nicht betreten werden.

Uns macht das deswegen nichts, weil wir hier in der Gegend einen noch schöneren, um nicht zu sagen den allerschönsten Badetip der Salzburger Umgebung kennen, den Seewaldsee. Um den zu erreichen, fahren wir von der Römerbrücke über den sehr hübsch überm Salzachtal gelegenen alten Wallfahrtsort St. Koloman nach Wegscheid und von dort, den Schildern zur Auerhütte folgend, hinauf in den Bergwald. Die Straße wird dabei immer enger, aber keine Angst, sie hört nicht auf. Die Salzburger haben ihre Alpen eben bis hoch hinauf erschlossen, nicht zur Freude der Naturschützer, aber zur Freude der gehfaulen oder auch nur der eiligen Touristen. Tagsüber mal eben einen Dreitausender in den Hohen Tauern zu besteigen und abends trotzdem pünktlich mit Beginn der ›Figaro‹-

Ouvertüre im Festspielhaus zu sitzen; so etwas ist dank des weit und vor allem hoch ausgebauten alpinen Straßennetzes durchaus machbar.

Dabei gilt allerdings nicht nur für höhensüchtige Festspielbesucher: Wer sich den Bergen im eigenen Auto nähert, sollte eine gutgefüllte Börse mit sich führen. Irgendwo findet sich da oben immer jemand, der Geld von einem will, vier Euro für eine Mautstraße oder einsfünfzig für einen mitten in der Bergeinsamkeit gelegenen Parkplatz. So auch auf dem Weg zum Seewaldsee, doch dort ist die Parkplatzgebühr ganz hervorragend angelegt. Inmitten eines Naturschutzgebiets, umsäumt von sanft abfallenden Wald- und Moorwiesen, hinter denen grüne und graue Berghänge aufsteigen wie die Wände eines Amphitheaters, präsentiert sich der Seewaldsee als Zentrum einer Idylle, wie sie kein Landschaftsmaler suggestiver entwerfen könnte. Weil der erwähnte Parkplatz eben nicht am See liegt, sondern fünfzehn Gehminuten vor ihm, und weil sogar Mountainbiker von der Parkplatzschranke an zu Fuß gehen müssen, stört hier oben nichts den Frieden in der Natur, nichts den im Herzen. Baden übrigens kann, soll und darf man im Seewaldsee. Was das Fischen betrifft, sind wir uns da nicht sicher: Ein vorm Seeufer aufgestelltes Schild verbietet merkwürdigerweise nicht das Angeln als solches, sondern bloß »den Angelbeginn« – einem Eulenspiegel würde da schon etwas einfallen …

Noch Wünsche offen? Also gut: für alle, die auch angesichts dieses kleinen Paradieses noch so profane Gefühle wie Hunger oder Durst empfinden: es gibt, auch wenn sie sich dezent auf einem Hügel oberhalb des Sees versteckt, sogar eine Jausenstation hier, noch dazu eine ausgezeichnet geführte: die zugleich als Hochalm fungierende Auerhütte, mit veritabler Sennerin und veritablem Sennerbuben, der eine (auch das noch) so wunderhübsch anzuschauen wie die andere. Mit beiden sollte man aber so wenig anzubandeln versuchen wie mit dem Stier, der gleich neben der Hütte in einer solide umzäunten Koppel gehalten wird – »Betreten strengstens verboten!« Und das alles finden Sie nicht mal sechzig Autominuten von der Salzburger Altstadt entfernt. So lange also, wie man während der Festspiele von einem Ende der Getreidegasse zum anderen braucht: Wen da der Berg respektive der Seewaldsee nicht ruft, dem ist wirklich nicht zu helfen.

Zurück ins Salzachtal fahren wir nun nicht über die Vigauner Römerbrücke, da waren wir ja schon, sondern über Kuchl, das ebenfalls eine bis in die Römerzeit – damals hieß es Cucullum – zurückreichende Tradition besitzt. Hier lohnt sich, bevor man weiterfährt, ein Besuch des schönen, von mittelalterlichen Häusern umstandenen Marktplatzes, mit Bilderbuchblick auf die gotische Pfarrkirche Sankt Maria und Pankraz und die fast unmittelbar dahinter grün und blau und grau in den Himmel ragenden Wände des Hohen Göll.

Schön ist auch das alte Städtchen Golling am Eingang der schmalen Salzachklamm zwischen dem Hagen- und dem Tennengebirge, einem der einsamsten Gebirge der Alpen, und das sogar – von wegen überlaufene Berge – in der Hochsaison! Doch anders als in Bad Vigaun und Kuchl führt die Bundesstraße hier immer noch mitten durchs Ortszentrum, weswegen wir gleich die Kurven hinauf zum kleinen Paß Lueg nehmen. Auch dort droben gibt es wieder gute Gründe zum Rasten, die Besichtigung der eleganten kleinen Rokokokirche Maria Brunneck zum Beispiel, die nahen, über kühne Pfade und Stufen gangbar gemachten Salzachöfen (ein von wilden Wassern bis zu 80 Meter tief in den Fels gegrabenes Höhlen- und Beckenlabyrinth) oder einfach eine entspannte Brotzeit im kleinen Gasthaus auf der Paßhöhe.

Eine knappe halbe Stunde braucht man auf der Salzachtalstraße vom Paß Lueg bis Werfen, und es tut uns leid, aber hier können wir, nein, hier müssen wir schon wieder ein Restaurant besuchen. Fahrten durchs Salzburger Land sind nun mal kalorienreiche Unternehmungen. In diesem Fall müssen Sie sich gar keine Sorgen machen; denn Werfen bietet gleich zwei ausgezeichnete Gelegenheiten, angesammelte Kalorien loszuwerden und sich dabei auch noch auf äußerst spannende Art zu unterhalten. Beim obligatorischen Besuch der weltweit größten Eishöhle, der fabelhaft schönen und fabelhaft schauerlichen Eisriesenwelt, müssen Sie nicht weniger als 1400 Stufen überwinden – und haben doch nur einen kleinen Teil der insgesamt 47 Kilometer langen Unterweltgänge zu Gesicht bekommen.

Die andere große Sehenswürdigkeit Werfens, die auf einem 150 Meter hoch über dem Ort aufragenden Felskegel stehende Burg Hohenwerfen, erreicht man über einen steilen Fußpfad. Doch selbst wenn Sie sich die zwanzig Minuten Gehzeit, die Sie dafür benötigen, sparen und lieber den kleinen Shuttlebus vom Parkplatz benutzen, so gilt es bei der Besichtigung der weiträumigen Burganlage selbst doch stramme Beinarbeit zu leisten. Wie ihr Pendant, die Hohensalzburg, entstand die Burg Hohenwerfen im 11. Jahrhundert; ihr heutiges »echt mittelalterliches« Aussehen indes verdankt sie den umfassenden Um- und Neubauarbeiten, die nötig wurden, nachdem aufständische Bauern die als uneinnehmbar geltende Festung während der Bauernkriege 1525/1526 erobert, monatelang besetzt und schließlich teilweise zerstört hatten. Über all dies und noch viel mehr kann man sich während des Burgrundganges auf unterhaltsame Weise informieren – Hohenwerfen präsentiert sich als eine für den Tourismus perfekt zugerichtete »Erlebnisburg« (inklusive Falknereimuseum und Falken-Flugvorführungen).

Eine Erlebnis-Eishöhle, eine Erlebnisburg: Da haben wir als Ihr individueller Reisebegleiter nicht mehr viel zu melden. Und beschränken uns deshalb, Sie wissen schon: die Kalorien, auf den guten Rat, die jeweils angeschlossene Erlebnis-Gastronomie zu meiden. Denn während die sich beispielsweise in der historischen Burgschenke mit einer Kombination aus nostalgischem Firlefanz und öder Küchenroutine begnügt (wir warnen ausdrücklich vor dem sogenannten »Ritterschmaus«), erwartet uns drunten im Ort selbst ein gastronomisches Erlebnis, das diesen Namen wirklich verdient: Der Obauer respektive die Obauers: Es sind ja gleich zwei von der Sorte, nämlich die Brüder Karl und Rudi, deren Werfener Restaurant *Obauer* von Amateur-Essern wie von professionellen Sterne- und Haubenverteilern zu den besten nicht nur im Salzburger Land, sondern in ganz Österreich gezählt wird. Auf die regionale Pongauer Küche (ja richtig – die Grenze zwischen Tennen- und Pongau haben wir auf dem Paß Lueg überschritten) verstehen sich die Obauers ebenso trefflich wie auf die Kreation selbsterfundener Exquisitäten. Nicht selten wird auch das eine mit dem anderen kombiniert, wobei dann so wunderbare Gerichte herauskommen wie der mittlerweile berühmte Forellenstrudel mit Champignonpüree und Veltlinersauce, eine Seezunge mit grünen Bohnen, Pfirsichen und Scampi oder, noch so eine Obauerlegende, das Bergkäse-Erdäpfel-Püree mit Perigordtrüffeln.

Das klingt alles furchtbar teuer? Stimmt. Aber um so angenehmer ist die Überraschung, wenn wir die Rechnung präsentiert bekommen: Sogar das große, sechsgängige Obauer-Menü kostet nicht mehr als 75 Euro, und mit dem kleineren oder einer Bestellung à la carte kommt man noch günstiger und, gemessen an der Qualität des Gebotenen, mehr als preiswert davon.

Ein paar Kilometer hinter Werfen, in Bischofshofen, verzweigt sich unsere Straße, und wir haben nun die Qual einer gleich vierfachen Wahl: Wir könnten – auch hier auf der Landstraße! – ein Dutzend Kilometer nach Osten fahren (Richtung Schladming), bei Niedernfritz links ins Lammertal abbiegen, das Tennengebirge auf der wunderschönen »Salzburger Dolomitenstraße« umrunden und so über Annaberg und Abtenau schließlich wieder nach Golling zurückkommen. In der entgegengesetzten Himmelsrichtung, im Westen, ginge es hinter dem Hochkönig vorbei nach Saalfelden. Wir aber halten dem Salzachtal die Treue, fahren weiter nach Süden bis St. Johann im Pongau, fahren aber von dort aus nicht hinüber zur Tauernautobahn (Autobahn, igitt), sondern, immer weiter der Salzach entlang, mitten hinein in den Pinzgau.

Maria Elend, die Porsche-Kapelle und andere Pinzgauer Wallfahrten

An Zell am See kommt keiner vorbei? Stimmt gar nicht. Wie St. Wolfgang hat auch Zell mittlerweile seinen Stadtumfahrungstunnel bekommen, und seit der den Fernverkehr durch den Fels der Schmittenhöhe an Zell vorbeileitet, muß sich nicht einmal der durchs pittoresk barocke Ortszentrum quälen, der von Deutschland aus lange vor Salzburg auf die vergleichsweise kurzen, aber kurvigen Routen über Kössen oder Inzell nach Lofer abgebogen und von dort aus weiter in den Pinzgau vorgedrungen ist.

Ob man die schnelle Ortsumgehung benutzen soll, ist eine andere Frage. Zugegeben, in Zell boomt der Tourismus das ganze Jahr über derart heftig, daß es dem entdeckungs- oder gar entspannungssüchtigen Individualreisenden schon recht bang ums Herz werden könnte. »Von Amerika aus betrachtet«, schreibt der hier geborene und mittlerweile als junger Wilder der österreichischen Krimi-Literatur berühmt gewordene Autor Wolf Haas in seinem

Roman ›Auferstehung der Toten‹, »ist Zell ein winziger Punkt. Aber vom Pinzgau aus gesehen: vierzig Hotels, neun Schulen, dreißig Dreitausender, achtundfünfzig Lifte, ein See.«

Gottlob aber gilt die Devise, die unsereinen sozusagen großräumig durchs Salzburger Land leitet, auch für innerörtliche Bereiche: immer hübsch fernhalten von Hauptstraßen und Trampelpfaden! Jeder läuft in Zell am See lustwandelnd die berühmte Uferpromenade entlang, jeder trinkt irgendwann seine Melange oder seinen Tee auf einer der zahlreichen Restaurantterrassen, schaut sich vielleicht noch die Innenstadt mit ihren Hauptattraktionen (den massiven alten Kastnerturm, den dreieckigen Stadtplatz, die schöne romanische Pfarrkirche Sankt Hippolyt) an – und hat dann irgendwann doch genug vom Zeller Rummel.

Aber: Schon mal etwas vom heiligen Porsche gehört? Den gibt es in der Tat nicht einmal im Pinzgau; wohl aber steht hier eine Porsche-Kapelle. Man findet sie etwas oberhalb von Zells südlichem Vorort Schüttdorf, gleich neben dem Schüttgut. Wenn Sie sich beides, Kapelle und Gut, ansehen wollen, fahren Sie bitte *nicht* zu jenem Familienhotel mit der irreführenden Adresse »Am Schüttgut«, das die Einheimischen hartnäckig *Porschehof* nennen, obwohl es mittlerweile seinen Namen geändert hat und offiziell nun den sozusagen entspannungsdynamischen Titel *AMIAMO – Familotel* führt. Statt dessen biegen Sie, wenn Sie von Zell her kommen, in Schüttdorf von der Brucker Bundesstraße rechts in den Schüttgutweg ab, lassen das Auto am besten an der Abzweigung stehen und gehen dann zu Fuß den Weg am linken Ufer des munter plätschernden Schüttbachs entlang bis hinauf zu dem Anwesen, das dem Weg seinen Namen gegeben hat, dem Schüttgut eben. Ein Bauernhaus inmitten sanft geneigter, von Ahornbäumen bestandener Viehweiden, ein paar Scheunen, und links davon tatsächlich die im Jahr 1764 bereits urkundlich bezeugte Porsche-Kapelle.

Wie bitte? Natürlich gab es 1724 hier zwar schon diese schöne schlichte Almkapelle, aber noch längst keine Porsches. Die kamen erst in den zwanziger Jahren des letzten Jahrhunderts hierher, als Ferdinand Porsche, der in Böhmen geborene Gründer der Autobauerdynastie, das Schüttgut nebst Kapelle und zugehöriger Alm erwarb und bald darauf die Kapelle zur Familiengruft umbauen ließ. Heute liegt er selbst hier begraben, Seite an Seite mit seiner Tochter Louise Piëch.

Ursprünglich war das Schüttgut wohl nur als vornehm-rustikale Sommerfrische gedacht gewesen; doch spätestens nach dem Zweiten Weltkrieg, als die vielfältig verzweigten und (auch politisch) verstrickten Porsche-Werke in Deutschland dem Zugriff der alliierten Siegermächte ausgesetzt waren, wurde das rasch neutral gewordene Österreich – und damit auch Schüttdorf bei Zell am See – für die Porsches auch unternehmerisch interessant. Die großen Niederlassungen entstanden in Kärnten und später in der Stadt Salzburg; doch auch in und um Zell am See haben die Porsches nicht nur vielfältige private, sondern auch geschäftliche Spuren hinterlassen. Deren bedeutendste, die Gründung des Designstudios durch den Porsche-Enkel Ferdinand Alexander, genannt Butzi, hatte freilich mit Autos nur noch am Rande etwas zu tun. Nicht umsonst hatte der junge Porsche sein Handwerk an der berühmten Ulmer Hochschule für Gestaltung gelernt. Nach der so radikal wie elegant durchgehaltenen Devise »Die Funktion bestimmt die Form« entstehen hier in Zell am See noch heute Geräte, technische Accessoires und andere Produkte, deren unverwechselbares »Porsche-Design« weltweit Maßstäbe setzt.

Modernstes Industriedesign, entworfen mit Hilfe hochpräziser Kommunikationstechnologien: Auf nichts ist man hier im idyllischen Pinzgau weniger gefaßt. Roland Heiler, der das Porsche Design Studio seit 1983 leitet, ist sich der Widersprüchlichkeit dieser Situation ebenso bewußt wie ihres besonderen Reizes: »Die Natur ist immer ein guter Ratgeber für Designer«, sagt er, und gerade die »relative Langsamkeit« in den Bergen komme der Kreativität entgegen. Und zudem will Porsche halt nicht irgendein x-beliebiges Unternehmen sein. »Für jeden, der unter dem ›Porsche-Design-Dach‹ arbeitet und lebt, spielt Tradition eine entscheidende Rolle«, weiß Heiler. Und nirgends sind die Wurzeln dieser Tradition so mit Händen zu greifen wie eben hier im schönen Zell am See.

Ein anderer Enkel des Firmengründers, Wolfgang Porsche, kümmert sich heute um das Schüttgut und den dazugehörigen Almbetrieb, auf dessen Wiesen an die 150 Rindviecher friedlich grasen. Unten, an der Abzweigung zum Schüttgutweg, steht zwar eine Verkaufsniederlassung der Firma Porsche; doch hier oben findet sich von Porsche-Design oder Motorentechnik keine Spur. Und dennoch sagt Wolfgang Porsche, der Kern seiner Familientradition sei nach wie vor die kleine weiße Gutskapelle.

Kein Wunder also, daß die Schüttgutkapelle inzwischen zu einem Wallfahrtsort geworden ist. Nur daß es nicht betende Fußpilger, sondern vor allem Oldtimer-Prozessionen sind, die – am liebsten im Rahmen einer Großglocknerrallye – hier oben in regelmäßigen Abständen auftauchen. Alpenidyll und Motorenlärm, bei Zell am See geht das eben schon immer gut zusammen. Schließlich hat sich schon Ferdinand Porsches Louise nicht damit begnügt, die schöne Aussicht vom Schüttguthang auf Kitzsteinhorn und Großglockner eigenhändig in ihren Landschaftsbildern festzuhalten; immer wieder steuerte sie auch ihren Porsche 911 über die steilen Bergstraßen der Umgebung.

Übrigens zählte der Zeller Hausberg Schmittenhöhe, an dessen unteren Ausläufern Schüttgut und Schüttalm liegen, auch schon zu den Lieblingsgipfeln der Dynastie, die hier vor den Porsches regierte. 1893 haben der Kaiser Franz Joseph und seine Sissi die Schmittenhöhe erklommen. Genauer gesagt: Erklommen haben sie einige Pferdekutschen, in denen die Majestäten nebst ihrem stattlichen Gefolge saßen. Auch dabei ging es nicht ohne Kapelle ab: Die Elisabethkapelle auf dem Gipfel der Schmittenhöhe erinnert ebenso an die kaiserlich-königliche Bergtour wie das im Zeller Heimatmuseum ausgestellte Reise-Klosett, dessen sich die erlauchten Besucher während dieser Unternehmung bedienten.

Heute erreicht man den Gipfel per Gondel und wundert sich dabei keineswegs, daß die Familie Porsche zu 48 Prozent an der über ihre Schüttgutwiesen hinweg schwebenden Schmittenhöhenbahn beteiligt ist. Schließlich gehören dem Clan ja auch 40 Prozent des öffentlichen Sportflughafens Zell am See, auf dem in der Fünfziger-Jahre-Heimatklamotte ›Allotria in Zell am See‹ Harald Juhnke in der Rolle – wir sagen ausdrücklich: in der Rolle! – eines sturztrunkenen Kopiloten bruchlandete und damit seinerseits nicht wenig zum Ruhm von Zell als Fremdenverkehrsregion beitrug.

Porsche-Land also, so weit das Auge reicht. Natürlich

gibt es auch eine Porscheallee hier, ja sogar eine Ferdinand-Porsche-Gedächtnisschule in Schüttdorf. Und schau, versteckt hinter Birken und Tannen finden wir hier, am Nordufer des Zeller Sees, nun auch das vormalige Hofmannsthal- und nachmalige Nazi-Schloß Prielau wieder. Die Hofmannsthals hatten, nachdem ihnen das hübsche frühbarocke Schloß 1945 zurückübereignet worden war, hier noch einmal ein Gastspiel-Intermezzo gegeben, ganz im Stil des Salzburger Vorkriegsgesellschaft. »Das Haus«, erinnert sich Sonja Lainer, die in den fünfziger Jahren auf Prielau zu Gast war, »war bald ein Treffpunkt von Künstlern, Schriftstellern und kunstinteressierten Menschen, Verwandten und Freunden aus allen Ländern und Schichten und dem englischen und kontinentalen europäischen Adel.« Irgendwann aber ließ sich diese großzügige Gastlichkeit nicht mehr aufrechterhalten; vielleicht gingen auch nur die richtigen Gäste aus.

So erwarben 1987 die Porsches Schloß Prielau und ließen es zu einem Luxushotel ausbauen, immerhin mit Hofmannsthal-Gedächtnis-Suite, buchbar für bescheidene 620 Euro pro Nacht. Heute reden die Leute dennoch ungerührt vom Porsche-Schloß und lassen sich in dessen Restaurant von August Mayer, einem der besten Köche Österreichs, mit Cannelloni von Eierschwammerln und geschmorten Kalbsbäckchen oder mit Pinzgauer Lammrücken im Bohnenmantel und Kartoffelbaumkuchen mit Zitronen-Thymian-Sauce verwöhnen. Falls jemand das zu luxuriös ist: In der angeschlossenen Ausflugswirtschaft *Schloßküche* kommt mit dem niederen Volk auch unsereiner bei einem gebratenen Zanderfilet auf Spargelragout oder einem klassischen Tafelspitz auf seine (ungleich günstigeren) Kosten.

So nett das alles ist, so schade könnte man das aus der Sicht der Familie Porsche finden: Wer sein Schloß zum Hotel umfunktioniert, kann schlecht selbst darin residieren. Da trifft es sich gut, daß den Porsches ganz in der Nähe noch ein weiteres hochherrschaftliches Domizil gehört, das oberhalb von St. Georgen bei Bruck im Salzachtal gelegene Schloß Heuberg.

Um der Wahrheit die Ehre zu geben: Die Porsches haben sich hier im Pinzgau nicht nur eingekauft, sie haben sich stets auch um die Anliegen der schnell wachsenden Gemeinden am Zeller See gekümmert. So faßte Ferdinand die auf seinem Grundstück sprudelnden Schütthofquellen neu und führte sie in einen von ihm gestifteten Hochbehälter, um so die Trinkwasserversorgung für den Ort zu sichern.

Und trotzdem, man muß wahrlich kein intimer Kenner des Pinzgauer Brauchtums sein, um sich vorstellen zu können, daß soviel Porsche-Dominanz am Zeller See nicht immer und bei jedermann ungetrübte Freude auslöste. So hat es merkwürdig lang gedauert, bis sich der Magistrat von Zell am See 1981 endlich entschließen mochte, wenigstens Porsches Kindern Ferdinand und Louise jenes Ehrenbürgerrecht zuzuerkennen, das dem in der kleinen Kapelle beim Schüttgut liegenden Firmengründer und Zell-Pionier selbst zeitlebens verwehrt blieb.

Innige Liebe ist es auch heute eher nicht, die die Leute von Zell mit ihren mächtigen Gästen verbindet. Doch mittlerweile hat man sich arrangiert. Als große Grundeigentümer, erklärt der Zeller Tourismusbeauftragte Hans Wallner, seien die Porsches und Piëchs natürlich »oft in lokale Projekte eingebunden«. Und fügt leicht tiefstapelnd hinzu: Schon deshalb sei die Firmendynastie »hier ein wichtiger Faktor«.

So oder so – wir brauchen nun dringend ein Kontrastprogramm. Wir finden es, keine halbe Autostunde von Zell am See entfernt, im schönen Rauristal, einer Gegend, die schon seit jeher abseits der Pinzgauer Durchgangsrouten und daher auch abseits der großen Tourismusströme liegt. Daß die Menschen hier lange Zeit ganz andere Probleme hatten als das, mit dem lokalen Einfluß mächtiger Geldgeber umzugehen, merkt man auch an dem Namen eines hoch über dem Taleingang gelegenen Wallfahrtsorts: Maria Elend.

Um schon auf dem Weg hierher möglichst viele Mit-Touristen abzuschütteln, lassen wir die Straße, die bei Taxenbach vom Salzachtal direkt nach Rauris abzweigt, gelassen rechts liegen – nicht obwohl, sondern weil wir damit auch an der zugegeben wildromantischen, aber auch stets von Besuchermassen belagerten Kitzlochklamm vorbeifahren. Wer dennoch scharf auf Klamm nebst illuminierter Tropfsteinhöhle ist, kann das Vergnügen auf dem Rückweg ins Salzachtal nachholen. Das ist hier ohnehin unumgänglich; denn verkehrstechnisch ist das Rauristal, was ihm sehr gut zu Gesicht steht, eine Sackgasse.

Jetzt jedenfalls verlassen wir die hervorragend und oft vierspurig ausgebaute Salzachtalbundesstraße einige Kilometer hinter (oder, wenn wir von Osten her kommen, vor) Taxenbach und klettern statt dessen von Lend aus die alte Route ins Rauristal über Embach empor. Klettern ist hier auch für Automobilisten der richtige Ausdruck: Man gewinnt unglaublich schnell an Höhe auf dieser alten, immer schmaler werdenden Straße, und schon nach fünf Minuten wird's einem zwischen stillen Hochweiden und Waldstücken hier derart einsam zumut, daß man leise befürchtet, sich verfahren zu haben. Kommt da noch was?

Es kommt nach vielem Bergauf und ein wenig Bergab zunächst der winzige Weiler Heuberg, und dann das Dörfchen Embach. Hier könnten wir beim Dorfgasthaus *Oberwirt* theoretisch das Auto stehenlassen und uns zu Fuß auf den Weiterweg nach Maria Elend machen, na ja, theoretisch – praktisch und stinkfaul, wie wir sind, folgen wir unserem Sträßlein noch ein paar Kilometer weiter, biegen da, wo es sich von den Ambacher Almböden in den Wald wendet und endgültig hinunter ins Rauristal, am schwer sichtbaren Wegweiser nach links auf einen nun recht holprig werdenden Fahrweg, der uns steil und rasch zum Ziel unserer fußfaulen Wallfahrt führt.

Erstes Staunen: Statt einer erwarteten Kapelle erblicken wir gleich deren zwei. Das hat etwas mit der Entstehungsgeschichte von Maria Elend zu tun, und, obwohl wir's hier, anders als bei der Porsche- oder der Sissi-Kapelle, mit einer wirklichen Heiligen und obendrein mit der Muttergottes zu tun haben, auch etwas mit dem für die abgelegenen Täler im Süden des Salzburger Landes typischen Neben- und Durcheinander von christlichem und heidnischem Brauchtum. Wobei ja, genaugenommen, sämtliche christlichen Wallfahrts- und Wunderstätten in Wahrheit einem ziemlich heidnischen Zauberglauben entstammen.

Maria Elend jedenfalls scheint längst, bevor sie ihren Namen hatte, Mittelpunkt eines irdisch-überirdischen Kults gewesen zu sein, der sich auf eine bis heute hier plätschernde und angeblich heilkräftige Quelle bezog. Exakten Nachprüfungen hat das nie standgehalten; doch um die Mitte des 16. Jahrhunderts wurde der stille Ort gleich auf doppelte Weise wundertätig: Eine Frau aus Taxenbach fand hier nach angstvollem Suchen ihre verlorengeglaubte blinde Tochter, die obendrein durch das Quellwasser ihr

Augenlicht wiedererhalten hatte. Weil sie es beim Suchen gelobt hatte, ließ die Mutter an der Fundstelle umgehend eine hölzerne Kapelle errichten; weil die alsbald solchen Zulauf erlebte (Gründe, sich weitere Wunder zu wünschen, gab es in dieser armen Berggegend genug), ersetzte der Salzburger Fürsterzbischof Schrattenbach sie zweihundert Jahre später durch eine veritable kleine Kirche – und weil seinem aufgeklärten Nachfolger Colloredo das wundergläubige Treiben zuwider war, ließ der die neue Kirche kaltblütig wieder niederreißen.

Ob die auf diese Weise gedemütigten Embacher und Taxenbacher Bergbauern darauf mit massenhaften Kirchenaustritten reagierten, ist nicht überliefert. Wohl aber errichteten sie, kaum daß das bischöfliche Abrißkommando wieder nach Salzburg abgezogen war, unmittelbar neben der alten Heidenquelle wieder eine – wenn auch nur winzige – eigene Kapelle. Kirche von unten sozusagen; weil derlei Autonomiebestrebungen aber auch früher als anrüchig galten, stellte man um 1840 erneut eine offizielle und dementsprechend repräsentative Kapelle auf, diesmal allerdings nicht anstelle, sondern einige Meter oberhalb (!) des Quellenkapellchens.

Dabei blieb es dann. Ob die Quelle Wunder wirkt, ist bis heute nicht entschieden. Wir halten es für gut möglich, daß sie den Haarwuchs fördert – die Wirtin des kleinen Berggasthauses, das sich unterdessen hier oben als drittes Gebäude etabliert hat, besitzt jedenfalls einen der originellsten Schnurrbärte, die wir im Pinzgau je zu Gesicht bekamen.

Doch Faulheit hin, Faulheit her: Dem schlüge kein Herz im Leibe, der nicht, bevor er sich hier in »Maria Elend« zur Jause niederläßt, der Schutzpatronin des Ortes nicht noch einen Besuch abstattete. Eigentlich sind es ja sogar zwei Besuche; vom Gasthaus führen steinerne Stufen zuerst zur simpel quadratisch gefügten unteren Kapelle, deren Altarwand eine rührend naiv gemalte Pietà bedeckt samt der dazugemalten innigen Fürbitte: »O Maria, Mutter der Schmerzen, bitte für uns!«. Ein Stück höher dann die eigentliche Gnadenkapelle – ein klassizistisches, überraschend elegantes Rundtempelchen, dessen Außenaufschrift erneut das Elend der Leute beschwört, und ihre Hoffnung auf himmlische Linderung: »Maria, Trost der Betrübten.« Im Inneren diesmal wieder eine schöne breite Bauernpietà, diesmal als barocke Holzskulptur, und in der kleinen Apsis darüber verspricht Maria uns nun selber: »Kommet, ich bin die Trösterin der Betrübten ...«

Sonst kein Laut hier droben. Unter und neben der Kapelle grast auf steilen Almwiesen beschaulich das Rind. Wir aber wenden uns nach verdienter Brotzeit endgültig hinunter ins Tal der Rauriser Ache, das wir hinter dem Ausgang der Kitzlochklamm erreichen. 25 Kilometer lang windet sich das Rauristal zwischen immer höher werdenden Kuppen nach Süden, bis es hinter Kolm-Saigurn sozusagen direkt auf die Mauer der Hohen Tauern stößt.

Das Tal bietet Attraktionen für alle Jahreszeiten: Gebirgs- und Wildwassertouren im Hochsommer, eine ganze Serie von Langlaufloipen sowie, an den durch zwei Seilbahnen und ein Liftsystem bis zum Gipfel der 2200 Meter hohen Schwarzwand erschlossenen Hängen oberhalb von Rauris, einen vergleichsweise gemächlichen Skipistenbetrieb im Winter, endlose und endlos schöne Spazierwege (vor allem auf der einsamen westlichen Talseite) im Herbst und im Frühjahr.

Es ist eher der sanfte, auf Entspannung von Leib und

Seele bedachte Fremdenverkehr, den es ins Rauristal zieht (und der hier mit Bedacht gefördert wird); die Ströme des Massentourismus aber schwappen hier vorbei. Trotzdem war dieses friedliche Tal einmal ein von Fremden aus ganz Europa nahezu überranntes Ziel. Allerdings brachten diese Touristen kein Geld ins Land, im Gegenteil, sie versuchten es von hier herauszuholen, und zwar in Form von reinem Gold. Schon Kelten und Römer wußten vom Gold im Rauristal; aber massiv geschürft wurde nach ihm – in mehr als tausend Goldgruben – erst von der Mitte des 15. Jahrhunderts an. Schon 150 Jahre später allerdings ließ das Rauriser Goldfieber merklich nach; die steigenden Goldimporte aus Amerika drückten die Preise nach unten, und zudem waren die meisten Fundorte ausgebeutet. Ein bißchen muß aber noch übriggeblieben sein; sonst könnten die Rauriser ihren Sommergästen nicht gleich mehrere öffentliche Goldsuch- und Goldwasch-Anlagen anbieten – mit Fundgarantie!

Klar, daß sich unter solchen Bedingungen immer wieder Menschen finden, die an weitere, noch unentdeckte Goldlagerstätten im Rauristal glauben. Wir selbst haben uns dabei ertappt, wie wir dem Geröll auf Wanderpfaden und in Bachbetten hier sehr viel mehr Aufmerksamkeit widmeten als wir das woanders zu tun pflegen. Einer derer, die den Goldabbau wiederzubeleben versuchten, war der Rauriser Ignaz Rojacher. Als er mit seinen Plänen scheiterte, kam er 1885 auf eine ganz andere Idee: Er tat sich mit dem damals weltweit als Koryphäe angesehenen Meteorologen Julius Hann zusammen, um auf dem Gipfel des 3106 Meter hohen Sonnblick ein Observatorium zu errichten.

Von Kolm-Saigurn aus kann man ohne große Schwierigkeiten in knapp fünf Stunden zum Gipfel und zum

Observatorium, das mittlerweile durch einen modernen Stahlbau ersetzt wurde, hinaufwandern. Als mindestens ebenso attraktiv (und sehr viel weniger schweißtreibend) empfiehlt sich ein Besuch im ebenfalls hier im Talschluß gelegenen Rauriser Urwald. Wir setzen diesen Namen guten Gewissens ohne Anführungszeichen hierher; denn genau so haben wir uns seit unserer Kindheit einen Urwald vorgestellt: Verstreut zwischen den Steinblöcken eines dramatischen Bergsturzes wuchsen und wachsen bis zu 300 Jahre alte Lärchen, Zirben und Fichten manchmal zu wildem Dickicht zusammen und geben dazwischen immer wieder dicht mit Bergblumen und Beerensträuchern, Pilzen oder hohen Farnen bestandene Lichtungen frei. Zudem stößt man beim Urwaldspaziergang unentwegt auf helle kleine Weiher oder finstere Moortümpel – achtzig dieser Gewässer verbergen sich im Rauriser Urwald, und in ihnen allen leben Scharen von Fröschen und Molchen. Ja, auch Schlangen gibt es, was haben Sie denn in einem Urwald erwartet? Aber Angst muß deswegen niemand haben; die meisten Schlangen hier sind ungiftig, und selbst eine Kreuzotter bleibt harmlos, wenn man nicht gerade barfuß auf sie tritt oder ihr mit der bloßen Hand ans Mäulchen greift. Dafür, daß so etwas tunlichst nicht vorkommt, sorgen Schilder, die uns bitten, das heikle ökologische Gleichgewicht des Rauriser Urwalds zu respektieren und deswegen die Wege nicht zu verlassen. Logisch verlockt einen die wunderbare Wildnis dennoch, das Gebot auf der Tafel und die moralische Schranke in der eigenen Seele zu übertreten. Doch andererseits ist ja seit längerem bekannt, wie so eine Schlange gerade Leuten mitspielen kann, die sich mitten im Paradies fühlen …

Ein weniger botanisches als intellektuelles Paradies

erblüht hier in jedem Frühjahr aufs neue: die Rauriser Literaturtage. Erfunden wurden sie 1971 von dem Salzburger Journalisten Erwin Gimmelsberger, einem Mann mit ausgezeichneten Beziehungen zur literarischen Szene Österreichs. Gimmelsberger war sogar mit dem schon damals ebenso verehrten wie gefürchteten Thomas Bernhard verbunden. Die beiden hatten sich während einem der Aufenthalte Bernhards in der Lungenheilanstalt des Pongauer Kurorts St. Veit kennengelernt; und obwohl Bernhard Literaturspektakel aller Art eigentlich ein Greuel waren, brachte Gimmelsberger ihn dazu, bei den Rauriser Literaturtagen dabeizusein.

Wie es so geht: Prominenz zieht Prominenz nach. So sind im Laufe der Jahre so bedeutende Autorinnen und Autoren wie Ilse Aichinger, Peter Handke, Günter Eich, Adolf Muschg, Wolfgang Hildesheimer oder Uwe Johnson hier in Rauris zu Gast gewesen. Der wirkliche Reiz dieser Veranstaltung hat indes weniger mit der Berühmtheit der Autoren zu tun als mit der ganz besonderen Atmosphäre, die hier herrscht und die Schriftsteller mit ihrem Publikum stets vier Tage lang in ungewöhnlich engen Kontakt kommen läßt: Vorgelesen und über das Gelesene diskutiert wird hier, unter bisweilen heftiger Anteilnahme der Einheimischen, ausschließlich in Wirtshäusern und in verschiedenen Bauernstuben des Rauriser Tals, und für Erholung von zu viel Literatur sorgen dazwischen ein Wettkochen von Dichtern und Zuhörern, gemeinsames Eisstockschießen oder nächtliche Skilangläufe. Letztere natürlich nur, wenn zur Zeit der Literaturtage (Ende März / Anfang April) noch genug Schnee im Rauriser Tal liegt. Normalerweise ist das der Fall, und wenn nicht – das ist ja gerade das Geniale an dieser Veranstaltung, daß sie auch in der »toten Saison« nicht nur aktive und passive Literaten anlockt, sondern auch die Aufmerksamkeit der Medien aufs Rauriser Tal richtet. Natürlich nur der feinen Medien, aber fein will man hier ja auch in touristischer Hinsicht bleiben.

Den leisen Drang zum Höheren merkt man übrigens auch der Gastronomie an. Nachprüfen läßt sich das vor allem im Restaurant *Gusto* (im Hotel *Wörtherhof*, gleich am Rauriser Ortseingang): Nicht nur Regionalspezialitäten wie die Waldpilzschaumsuppe oder die Spinatknödel und Wildgerichte schmecken hier vortrefflich, sondern auch aufwendigere Sachen wie das Wildlachsfilet mit einem zarten Püree aus Kohlrabi, Eierschwammerln (das sind Pfifferlinge) und Kräutern.

Nachdem Sie sich das alles – und sei es auch nur beim Lesen – auf der Zunge zergehen ließen, sind Sie hoffentlich stark genug für den Vorschlag, den wir Ihnen nun unterbreiten: Wie wäre es, wenn Sie sich zwei Tage Zeit nähmen und die allerberühmteste Sehenswürdigkeit des Pinzgau, die Großglocknerstraße, zu Fuß ansteuerten? Zugegeben, das klingt ein bißchen hirnrissig. Zumal die Glocknerstraße (gottlob) gar nicht durch das Rauristal verläuft, sondern südlich des Zeller Sees in Bruck (heißt ja auch so: Bruck am Großglockner) zur spektakulären Überquerung von Österreichs höchstem Gebirge ansetzt.

Nur eben, das kann jeder, sich in Bruck in die Autoschlange einreihen, die erst zweieinhalbtausend Meter in die Höhe und dann wieder nach Heiligenblut hinunterkriecht. Und obendrein, besonders viel Spaß macht das Ganze auch nicht gerade – schon gar nicht mehr, seit die der Straße einst zum Greifen nahe Pasterze (so heißt der Glocknergletscher) erbärmlich zusammenschrumpfte und dabei unterhalb der regelmäßig rammelvollen Glocknerstraßen-Parkplätze und Glocknerstraßen-Aussichtsterrassen nichts als unansehnlich braungraue Geröllfelder hinterließ.

Deswegen also unser Alternativvorschlag: Durchs stille Seidlwinkltal zu Fuß auf die Großglocknerstraße. Und keine Sorge, wenn Sie da oben ankommen, wird Sie – dank der Nachtsperre für die Glocknerstraße – alsbald kein Motorenlärm mehr belästigen, erstens. Zweitens erwartet Sie am Ziel der Reise kein Biwak auf grauem Asphalt, sondern eine ruhige (siehe oben) Nacht in den behaglichen Betten eines komfortablen Berggasthofes. Drittens, die Wanderung dorthin ist wunderschön. Und viertens, wir sind ja faule Genießer, der gesamte Weg wird in sehr überschaubaren Abständen von trefflich bewirtschafteten Almen und Jausenstationen begleitet – in der Regel liegen sie weniger als eine Gehstunde voneinander entwerft.

Überzeugt? Dann fahren Sie von Rauris aus noch ein Stück weiter ins Tal hinein bis nach Wörth, biegen dort gleich nach der Brücke beim *Anderlwirt* rechts ab, fahren entlang der Seidlwinklache vorbei am *Weixenwirt* bis zum Parkplatz Fleckweide. Dort ist endgültig Schluß mit dem Autofahren; schließlich stehen Sie an der Grenze zum größten Naturdenkmal der gesamten europäischen Alpen, dem Nationalpark Hohe Tauern.

Auch wenn die Österreicher das nicht gern hören und sogar die offiziellen Informationsbroschüren es verschweigen: der Nationalpark Hohe Tauern ist ursprünglich eine deutsche Erfindung, die ihrerseits wieder auf eine amerikanische, nämlich den schon 1872 gegründeten Yellowstone Nationalpark, zurückgeht. Gut dreißig Jahre später griffen die aus der sozialistischen Arbeiterbewegung hervorgegangen »Naturfreunde Deutschlands« erstmals die Idee auf, auch in den Alpen ein vergleichbares Reservat zu schaffen. Das Problem dabei war nur, daß es in Deutschland so wenig Alpen gibt. Deswegen trafen sich die deutschen Naturfreunde 1908 in München mit österreichischen Vogelschützern und gründeten bei der Gelegenheit den »Verein Naturschutzpark«, der kurz darauf gemeinsam mit dem Alpenverein ein zunächst gerade einmal elf Quadratkilometer großes Stück Ödland in der Tauernregion erwarb.

In den folgenden Jahrzehnten zwischen und nach den beiden Weltkriegen war dann allerdings auch in den Tauern nicht Naturschutz angesagt, sondern das Gegenteil: die touristische, verkehrs- und energietechnische Erschließung um nahezu jeden Preis. Zwischen 1930 und 1935 entstand die Großglocknerstraße und danach, zunächst vorangetrieben von den Nazis, die Tausende von Zwangsarbeitern rücksichtslos einsetzten, das erst 1955 in Betrieb genommene Kapruner Kraftwerk (dessen Besichtigung heute absurderweise als touristische Attraktion des Nationalparks angepriesen wird) als erstes einer bis heute wachsenden Anzahl von Energieversorgungsprojekten in der Tauernregion. Und von wegen Naturschutz: 1949 und 1954, bevor zwei der schönsten Tauernhochtäler, der Wasserfall- und der Mooserboden, in den Staubecken verschwanden, durften die Kapruner Sommergäste dort droben ohne Hemmungen das tun, was anderswo in den Alpen auch damals schon streng verboten war: Almrausch und Enziane samt ihren Wurzelstöcken ausgraben und nach Hause tragen, und dazu so viel Edelweiß pflücken, wie sie fanden.

Hinzu kam in der zweiten Hälfte des letzten Jahrhunderts ein ganzes Netz von Bergbahnen und Liften, das sich mal grob-, mal feinmaschig über weite Teile der Hohen Tauern legte, zur Freude von Gemeindekämmerern, Zimmervermietern, Gastwirten, Skifahrern und Bergwanderern wie zum Ärger der Naturschützer. Die nämlich mußten bis 1971 warten, ehe sich die Landespolitiker aus Salzburg, Kärnten und Tirol wenigstens auf ihren Wunsch nach einem großen Nationalpark verständigten. Daraufhin schrie nicht nur die Energiewirtschaft, sondern auch – ausgerechnet – die Tourismusindustrie erst einmal Zeter und Mordio. Um den teilweise hysterischen Widerstand gegen die »Schnapsidee« Nationalpark Hohe Tauern halbwegs zu besänftigen, brauchte es noch einmal ein Dutzend Jahre, bis Salzburg und Kärnten 1983 endlich die Gesetze zum Schutz ihrer Nationalpark-Gebiete verabschiedeten (und weitere zehn, bis sich auch die Tiroler dem anschlossen).

Heute, keine 25 Jahre später, stellt auch für den Fremdenverkehr der Nationalpark neben den Festspielen die zweite große Hauptattraktion des Landes Salzburg dar. Das Adjektiv groß ist dabei ganz wörtlich zu nehmen: Aus den elf Quadratkilometern, die die deutschen und österreichischen Naturfreunde vor knapp hundert Jahren erwarben, sind inzwischen mehr als 1800 geworden. Den größten Anteil daran, nämlich 800 Quadratkilometer, besitzt Salzburg; 600 weitere gehören zu Tirol, und 400 zu Kärnten.

Dafür, daß hier nun auch die Pflanzen und Tiere zufrieden sind, sorgen unzählige Quellen, Bäche und Flüsse sowie 551 Seen mit einer Größe zwischen 27 Hektar und 35 Quadratmetern, von denen allerdings nicht einmal ein Viertel einen eigenen Namen hat. Wieso die sonst so geschäftstüchtigen Salzburger noch nicht auf die Idee gekommen sind, daraus Kapital zu schlagen, ist uns schleierhaft; ein Uwe-Meier- oder ein Ehrenkonsul-Doktor-Niederhuber-See würden die Landschaft als solche ja nicht verändern, aber die Nationalpark-Kassen um manches nette Sümmchen bereichern.

Schwerer als die Quadratkilometer lassen sich die Berge zählen – was ist schon ein Berg, und was ist noch ein Hügel? Sicher ist immerhin: Dreitausender sind ohne Zweifel Berge, und allein von denen stehen stolze 266 Stück im Nationalpark. Das gemeine dabei ist, jedenfalls aus Salzburger Sicht, daß zwar die Großglocknerstraße bis zu ihrem Scheitelpunkt, dem Hochtor, über Salzburger Gebiet verläuft, aber Österreichs höchster Gipfel selbst, eben der 3798 Meter hohe Großglockner, auf der Landesgrenze zwischen Kärnten und Tirol liegt.

Der höchste Salzburger Berg ist der ein gutes Stück weiter westlich, aber ebenfalls im Tauern-Nationalpark liegende Großvenediger mit 3666 Meter, den sich Salzburg mit Osttirol teilt und von dessen Gipfel aus es nur noch ein paar Kilometer Luftlinie bis nach Italien sind. Ja, nach Italien! Wir haben sogar geborene Salzburger getroffen, die keine Ahnung hatten, daß ihr Land tatsächlich unmittelbar an Italien grenzt. Zugegeben, diese gemeinsame Grenze ist nur ein paar Kilometer lang, es führt keine einzige befahrbare Straße über sie, und wer die Birnlücke, den einsamen Grenzpaß zwischen Salzburg und Italien, zu Fuß überschreiten will, muß sich auf schier endlose Hatscher gefaßt machen, bevor er von den Krimmler Wasserfällen nahe der Gerlosalpenstraße (die als wildromantisches Naturschauspiel eine der spektakulärsten Sehenswürdigkeiten des Nationalparks darstellen) übers Krimmler Tauernhaus und die Warnsdorfer Hütte hinüber ins italienische Gebirgsdorf Prettau gelangt.

Verglichen damit ist unsere Tauern-Wanderung vom Rauriser Tal hinauf zur Glocknerstraße ein gemütlicher Spaziergang. Stehengeblieben waren wir, beziehungsweise unser fahrbarer Untersatz, auf dem Parkplatz Fleckweide. Der liegt am Eingang des bilderbuchmäßig idyllischen Seidlwinkltals, durch das sich der erste Teil des Anstiegs bewegt. Erst schlendern wir fast eben dahin, stapfen aber bald, immer entlang der malerisch reißenden Seidlwinklache, ein steileres Wegstück empor. Doch bevor uns die Puste (»der Schnaufer«, sagen die Einheimischen) ausgeht, erreichen wir, versprochen ist versprochen, schon nach einer guten Dreiviertelstunde die vom freundlichen Senner Seppi (er heißt wirklich so!) bewirtschaftete Gollehenalm und lassen uns dort von Seppis Frau Irmgard verwöhnen, zum Beispiel mit selbstgemachtem Erdbeer- oder Schwarzbeerkuchen.

Was denn, schon Rast nach nicht einmal einer Stunde? Immer mehr Leute finden ja, Urlaub sei nicht zum Vergnügen da. Nicht daß wir diese Ansicht teilten, aber bitte: Ehrgeizlinge können Seppi, Irmgard und Kuchen auch links liegen lassen und eine halbe Stunde weiterwandern bis zur Palfneralm, woselbst Männer allen Alters an die Leine genommen werden sollten: Die Sennerin dort hat gleich drei Töchter, und alle zusammen kredenzen Brettljausen oder Hüttenspeck, Milch oder Obstler. Wer sich auch diese Versuchung nicht antun möchte, geht hier ebenfalls vorbei und erreicht nach einer weiteren Dreiviertelstunde das Rauriser Tauernhaus.

Spätestens hier wird, Ehrgeiz hin oder her, das Rasten zur Pflichtübung, nicht nur, weil wir nun immerhin schon zweieinhalb Stunden Gehzeit hinter uns haben, und auch nicht nur wegen der auch hier angebotenen Brotzeit, sondern auch, weil dieses herrlich gelegene Haus selbst unsere Aufmerksamkeit verdient. Es steht schon seit mehr als einem halben Jahrtausend an dieser Stelle. Wobei es damals hier bei weitem nicht so einsam zugegangen ist wie heute. Früher nämlich war das Rauriser Tauernhaus der letzte Stützpunkt des »Bluter Tauerns« (der alte Name für das Hochtor) nach Heiligenblut. Mit anderen Worten: Unser Wanderweg verläuft sozusagen auf der ehemaligen Großglocknerstraße, auf der Route also, auf der die Säumer, also die Vorläufer der heutigen Spediteure, Wein, Salz, Lebensmittel und andere Waren über die Tauern transportierten, bevor die neue Straße gebaut wurde.

Deswegen machen wir es nun auch noch auf dem letzten Wegstück den Säumern nach und steigen zuerst, immer noch entlang der Seidlwinklache, eine Stunde lang hinauf zur (ebenfalls bewirtschafteten) Litzlhofalm, und von dort schließlich in weiteren eineinhalb Stunden zum Ziel unserer Wanderung, der unterhalb des Hochtors gelegenen Fuscher Lacke und des gleichnamigen Gasthauses. Ganz ohne Hüttenschinder – so nennt der Alpinist das regelmäßig steile Schlußstück eines jeden Hüttenanstiegs – geht es dabei nicht ab; von der Litzlhofalm bis zur auf 2262 Meter Meereshöhe gelegenen Fuscher Lacke müssen immerhin noch einmal 500 Höhenmeter »derpackt« werden. Die dabei draufgegangenen Kalorien lassen sich droben beim Mankeiwirt (hochdeutsch: Murmeltierwirt – wegen des von der Wirtsfamilie betreuten zahmen Murmeltiers) höchst genußreich ersetzen, unter anderem mit dem besten Kaiserschmarrn des Pinzgaus.

Wer mag, kann nach einer dank Autosperre ruhigen

Nacht anderntags gleich noch einen veritablen Dreitausender mitnehmen – der 3018 Meter hohe Brennkogl, der im Winter auch als Skitourenziel beliebte Hausberg der Fuscher Lacke, ist auf vergleichsweise bequemem Weg zu erreichen – oder in guten vier Stunden zum Ausgangspunkt Fleckweide zurückbummeln. Wer für beides zu faul ist, läßt sich einfach im Nationalpark-Taxi die Großglockner-Straße hinunter und zurück ins Rauriser Tal kutschieren.

Drei Täler im Pongau

Da sind wir nun endlich im Herzen des Salzburger Pongaus angekommen und bestaunen so prächtige Tauernberge wie den Großen Pleißingkeil, den Kraxenkogel oder – so etwas hätten wir in dieser rauhen Umgebung gar nicht vermutet – das Liebeseck. Schon diese, selbst versierten Alpintouristen ungeläufigen Namen verraten, daß er hier etwas zu entdecken gäbe. Nur leider, es bleibt beim Konjunktiv, und dies nicht etwa aus Zeitmangel. Zeit haben wir ja gerade, aber sie vergeht nicht etwa bei dem, was wir gern wollen: Seit Stunden schon stehen wir hier in der Landschaft herum. Und stehen, und stehen, und blicken statt auf Täler und Höhen erbittert auf die erstarrte Autokolonne vor uns. Mit anderen Worten: Wir befinden uns auf der Tauernautobahn, ein paar Kilometer vor der Einfahrt in den Tauerntunnel.

Im Jahre 2010, so verspricht man uns, wird der Tauerntunnel endlich ausgebaut sein, mit zwei Röhren. Bis dahin gucken wir in die eine, ob wir wollen oder nicht. Und nicht einmal die in solchen Fällen oft hilfreiche Tugend der Flexibilität hilft uns hier aus dem Stau heraus: Auf den entscheidenden zehn Kilometern vor dem Tunnelportal gibt es keine Ausfahrt mehr, die es uns erlaubte, dem obligatorischen Stau wenigstens für ein paar Stunden zu entfliehen.

So lockt das Liebeseck vergebens; wir bleiben im Auto hocken und nehmen uns wieder einmal vor, während unserer nächsten Venedigfahrt ganz bestimmt die Autobahn bei der Ausfahrt Ennstal rechts liegenzulassen und die alte Route über Radstadt und den Tauernpaß zu wählen, die uns allerdings bald aus dem Pongau und in ihrem weiteren Verlauf auch aus dem Salzburger Land herausführen wird. Radstadt selbst war denn auch für viele Sommerurlauber lange Zeit eher ein Durchgangsort als ein eigenständiges Reiseziel, was aber nicht nur Nachteile hatte: Weil die allerheftigsten Wellen des alles und alle vermarktenden Massentourismus an ihr vorbeischwappten, hat die kleine Stadt an der Enns ihren unaufgeregten, im besten Sinn provinziellen Charakter im wesentlichen behalten. Bis heute schafft es der Fremdenverkehr hier nicht einmal während der Hochsaison, das lokale Eigenleben zu verdrängen.

Die Radstädter Fremdenverkehrsmanager reden deshalb gern vom »ausgewogenen Verhältnis zwischen Einwohnern und Gästebetten« – und geraten dennoch inzwischen mehr und mehr in die Versuchung, eben das zu ändern. Um Radstadt künstlich attraktiv zu machen, erfanden sie unter anderem eine so skurrile Anlage wie den »Birdie-Jet«, Europas einzige »Golf-Gondelbahn«; sie erspart Golfern den 250 Meter langen Weg vom elften Green bis zum Zwölfer-Abschlag des traumhaft südlich oberhalb der Stadt gelegenen 18-Loch-Platzes, der demnächst auf 27 Löcher erweitert werden soll – so viel Platz haben sie noch in Radstadt.

Dem Tourismus zuliebe schreckt man auch nicht vor etymologischen Gewaltakten wie der Umdeutung des Ortsnamens Radstadt in Rad-Stadt zurück: Stolze 300 Kilometer Radwege (darunter jede Menge Parcours fürs Mountainbike) hat die Gemeinde inzwischen angelegt; der vielleicht schönste von ihnen ist der Ennsradweg, der dem Verlauf der Enns bis an die Donau folgt – und uns damit, wie der Tauernpaß, stracks aus dem Salzburger Land hinausführt.

Wir haben allerdings einen sehr guten Grund, uns davon nicht abschrecken zu lassen: Der schönste Weg von Radstadt nach Filzmoos und damit zur besten Köchin Österreichs führt nun einmal über steirisches Gebiet. Das allerdings nicht sehr lange: Schon kurz, nachdem wir den kleinen Madlingpaß und damit die Salzburger Landesgrenze überschritten haben, wenden wir uns in Pichl links hinauf Richtung Dachstein, ein paar Kilometer weiter noch einmal nach links, um dann unter den Südabstürzen von Dachstein und Bischofsmütze wieder zurück in den Pongau und nach Filzmoos zu gelangen.

Daß sich Europas Alpentouristen hier nicht nur zur Winterszeit in Scharen treffen, merkt man dem kleinen Filzmoos auf Anhieb an. Restaurants und Imbißbuden, Souvenir- und Delikatessenhandlungen, Sportgeschäfte, Trachten- und andere Boutiquen, soweit das Auge reicht. Wirkliche Erholung sieht anders aus, denken wir – und denken es noch, während wir mitten im Filzmooser Gewimmel vor dem Hotel *Hubertus* stehen.

Auch im angeschlossenen Hotelrestaurant erwartet uns – Sterne hin, Mützen her – alles andere als die »splendid isolation«, der zuliebe sich europäische Luxustouristen einst hoch in die Alpen zu schleppen pflegten. Leere Tische kommen in den *Hubertusstuben* allenfalls in den Stunden um die Morgendämmerung vor, aber dann hat das Lokal eh geschlossen. Ansonsten gilt: Wer nicht reserviert, ist selbst schuld, nicht nur daran, daß er keinen Platz findet, sondern auch daran, daß ihm solche Köstlichkeiten entgehen wie Johanna Maiers Variationen über das Thema Flußkrebs und Fenchel, ihr fangfrischer Bachsaibling mit bewundernswert zarten Spinatcannelloni oder ihre höchst kreative Art, einen Steinbutt anzurichten: in einem Oregano-Ragout nämlich, und mit Olivenpolenta.

Ihre nicht weniger bemerkenswerten Fleischgerichte läßt Johanna Maier zunehmend gern in zwei aufeinanderfolgenden Gängen servieren, wobei stets zuerst ein Kotelettstück und dann eines aus Brust oder Rücken auf den Tisch kommen. So das Berglamm (mit einfach raffiniertem Bohnen-Paprika-Gemüse), das Milchkalb oder der Rehbock, von dem die freundliche Bedienung auf Wunsch jederzeit erklärt, er sei selbstverständlich »frisch gewildert« – soviel Romantik muß schon sein. Wer eher auf sanfte Sensationen steht, sollte sich hingegen an die Dessertkarte halten, an die karamelisierte Birnentarte also, an den Filzmooser Beerenschmarrn oder gleich an Johanna Maiers famosen Schwarzbeerdatschi mit Vanilleeis.

Ein Banause, wer sich nach so einem Essen gleich wieder ins Auto haut; es muß ja nicht unbedingt das (außerhalb von Restaurant und Küche) arg unpersönliche Hotel *Hubertus* sein, in dem man sich zumindest eine erholsame Nacht unterm Dachstein gönnt. Am anderen Morgen geht's dann nicht mehr ins Steirische zurück, sondern hinunter nach Eben im Pongau und von dort über Altenmarkt wieder aufwärts auf die Wagrainer Höhen.

Auch das schöne Dorf Wagrain ist, obwohl es hier spürbar beschaulicher zugeht als drüben in Filzmoos, mittlerweile – im Winter noch mehr als im Sommer – vom Tourismus geprägt. Und natürlich läßt Mozart auch hier grüßen; wie die Berge um Radstadt und Filzmoos zählen auch die um Wagrain zur sogenannten »Sportwelt Amadé«, die Wagrainer Gondelbahn nennt sich gar »Flying Mozart«. Wer mag, darf darin eine Art Gemeinheit gegen den berühmtesten Bürger Wagrains erblicken, den Schriftsteller Karl Heinrich Waggerl nämlich. Von dem war ja in diesem Buch schon die Rede, und auch von der gefährlichen Nähe von Heimatverbundenheit und reaktionärem, ja faschistischem Provinzialismus.

Waggerl war 1920 als Lehrer hierhergekommen, doch bald schon stand ihm der Sinn nach »etwas Großem, weithin Hallendem«, wie er, nicht ohne Selbstironie, berichtete: »Ich wollte dieses kümmerliche Dorf zu einer Stätte der Musen machen, die Jugend unter meiner Rebellenfahne sammeln, neue Gedanken wie Brände in diesen modrigen Haufen schleudern.« Gesagt, getan: Waggerl ließ sich (wegen eines Lungenleidens) als Dorflehrer von Wagrain beurlauben und begann statt dessen eine Schauspielkarriere: Im von ihm selbst gegründeten Wagrainer Theater war er zugleich Intendant (der sich nicht mit irgendwelchen Komödienstadlstücken aufhielt, sondern gleich mal Hofmannsthals ›Jedermann‹ und Schillers ›Räuber‹ auf den Spielplan setzte), Regisseur und Hauptdarsteller, letzteres sogar doppelt: Weil es in den ›Räubern‹ zwei Hauptrollen gibt, den guten Karl und den bösen Franz

Moor, fackelte Waggerl nicht lange und spielte gleich beide...

Von solchem kulturellen Größenwahn ist in Wagrain heute nichts mehr zu spüren. Nach wie vor wird hier zwar mit Waggerl geworben, dies aber auf merkwürdig zwiespältige Art. Selbst das ehemalige Wohnhaus des Dichters – es liegt etwas außerhalb und oberhalb des kleinen Ortszentrums auf dem Kirchboden – ist nicht leicht zu finden, und das im Waggerlhaus untergebrachte kleine Museum kann man nur nachmittags besichtigen, im Juli und im August täglich (außer sonntags), außerhalb der Saison lediglich am Dienstag, Donnerstag oder Freitag. Wir schreiben das ausnahmsweise so genau hierher, weil wir den Besuch im Waggerlhaus höchst dringend empfehlen: Hier läßt sich eine ganze Menge nicht nur über Waggerl selbst und sein widersprüchliches Werk, sondern auch über die Geschichte und Mentalität des Salzburger Landes erfahren.

Die größte Überraschung dabei: Waggerl war auch der erste Fremdenverkehrsdirektor seiner Wahlheimat Wagrain. Er machte sich nicht nur um den Wiederaufbau des 1927 zu großen Teilen abgebrannten Ortskerns und die Restaurierung der schönen, vom Salzburger Dombaumeister Santino Solari 1616 erbauten Marktkirche verdient, er entwarf auch bis zu seinem Tode Texte und Graphiken für die Tourismuswerbung. 1926 gründete er sogar den Wagrainer »Wintersportverein«, kurzum, Wagrain könnte sich heute mit Recht Waggerlrain nennen – wenn es da nicht diese bösen braunen Flecken auf der Heimatweste des Dichters gäbe.

So oder so – heute interessieren sich die allermeisten Touristen statt für Waggerl für eine ganz andere Persönlichkeit aus dem Wagrainer Tal: die in Kleinarl geborene

Annemarie Moser-Pröll, die als vielfache Weltcup-Gewinnerin, Olympiasiegerin und Weltmeisterin immer noch die prominenteste unter den vielen überragenden österreichischen Skifahrerinnen ist. Das Café, das sie sich nach dem Ende ihrer Karriere in ihrem Heimatdorf baute – es heißt selbstverständlich *Café Annemarie* – hat Kleinarl mittlerweile auch zu einem Wallfahrtsort für Autogrammjäger und andere neugierige Sommerfrischler gemacht. Und wirklich, die Chancen stehen nicht schlecht, die Weltmeisterin hier leibhaftig beobachten zu können oder gar mit ihr ins Gespräch zu kommen – das ist die gute Nachricht. Die weniger gute: Das *Café Annemarie* ist leider kein Kaffeehaus, sondern eine Art überdimensionale Jausenstation im neoalpinen Deko-Look, die das Ortsbild auch deshalb mehr verschandelt als prägt, weil sie ziemlich lieblos auf den freien Platz neben der Kirche gewuchtet wurde. Böser Wille war dabei bestimmt nicht im Spiel: Einerseits kann man von einer derart erfolgreichen Skifahrerin ja gar nicht verlangen, daß sie auch noch über einen fein ausgeprägten Architekturgeschmack verfügt, und andererseits mochte Kleinarl halt seiner weltberühmten Ehrenbürgerin und dem umsatzträchtigen Monument, das sie sich selbst mit dem *Café Annemarie* setzte, keine Steine in den Weg legen.

Hat man es auf wirkliche alpine Idyllen abgesehen, wird man also mit dem Dorf Kleinarl als solchem keine große Freude haben. Wer sich im Sommer hierherauf verirrt, sollte daher konsequent bleiben, dem Lauf des Kleinarler Bachs vorbei am Jägersee bis in den Talschluß zur Schwabalm folgen und von dort in eineinhalb Stunden zum fast 1800 Meter hoch gelegenen Tappenkarsee hinaufspazieren, auch hier wieder auf den Spuren des unermüdlichen Waggerl: »Das Wasser hat alle Farben, es leuchtet wie buntes Glas«, schrieb der, und zitiert aber auch, was der Wagrainer Volksmund behauptete: »Der See ist grundlos.«

Man sieht den Tappenkarsee zunächst zwischen sanft abfallenden Wiesen als eine Art harmlosen Almweiher vor sich liegen – das soll der größte Gebirgssee Österreichs sein? Dann aber, nachdem man den Weg am Ufer noch zehn Minuten lang weiterverfolgt hat, folgt der Knalleffekt: Der See macht eine 90-Grad-Kurve nach Süden und verwandelt sich dabei in ein wildromantisches, ja fast unheimliches Gewässer.

Daß die Einheimischen lange glaubten, unter dem von fahlen Felsmauern umsäumten Wasserspiegel liege ein Lindwurm auf der Lauer, läßt sich leicht begreifen – vorausgesetzt, man erwischt die entsprechenden Lichtverhältnisse. Kurz nach Sonnenuntergang oder, noch besser, am frühen Morgen entfaltet der Tappenkarsee seine intensivste atmosphärische Wirkung, zu Zeiten also, in denen der normale Bergflaneur entweder längst schon wieder im Auto oder noch daheim beim Frühstück sitzt. Versäumen muß das Naturschauspiel dennoch niemand: Von Anfang Juni bis Mitte September kann man im Tappenkarsee-Haus auch übernachten.

Parallel zum Wagrainer oder Kleinarltal und mit diesem durch zahlreiche Wanderwege, Skiabfahrten und Lifte verbunden, ziehen sich das vor allem für Wintersportler interessante Großarltal und das Gasteiner Tal von Norden nach Süden. In letzterem heißen übersichtlicherweise alle wichtigen Orte mehr oder weniger Gastein, und alle liegen sie, was die Sache für Fremde noch schwieriger macht, am gleichen Fluß, der am Ausgang des Tals in die Salzach mündenden Gasteiner Ache.

Statt nun in die lokalen Details gehen und damit die

Verwirrung noch steigern (zum Beispiel: zwei der Gasteins sind weltberühmte Kurorte, und in beiden heißt das Gebäude, in dem das Kurzentrum untergebracht ist, »Haus Austria«) – statt dessen also erst einmal ein paar kurze Hinweise zur groben Orientierung. Apropos grob: Wenn man die vor einem halben Jahrhundert erbarmungslos in die altösterreichische Kuridylle von Bad Hofgastein gewuchteten Betonmassen als grobe Klötze bezeichnet, so ist das noch eine sehr freundliche Untertreibung. Und mittlerweile wünschte sich auch mancher Gasteiner die groben Keile, mit denen man jenen Kur-Neubauten wieder den Garaus machen könnte.

Immerhin, am eher verschlafenen Charme von Bad Hofgastein hat jener Anfall von gigantomaner Bauwut kaum etwas geändert. Man merkt dem Städtchen nach wie vor an, daß es, bädertouristisch gesehen, trotz seines eindrucksvollen Namens ein bloßer Ableger des benachbarten Bad Gastein ist. Durchaus nicht zu dessen Vergnügen erteilte Österreichs Kaiser Franz I. Hofgastein im Jahr 1824 das »für immerwährende Zeiten gültige Recht«, einen Teil des aus der Bad-Gasteiner Elisabethquelle entspringenden Heilwassers in die eigenen Gemeindegrenzen umzuleiten und dort medizinisch wie touristisch auszubeuten.

Aus diesem Vorgang lassen sich zwei Schlüsse zur weiteren Unterscheidung der diversen Gasteins ziehen. Nämlich erstens: Bad Gastein liegt südlicher, also höher – anders könnten die kostbaren Thermalwässer schwerlich von da nach dort fließen. Und zweitens: Wenn sich der (höchstselbst lieber in Bad Gastein kurende) Kaiser Franz zu einer derart spektakulären Huld- und Hilfsaktion hinreißen ließ, dann muß Bad Hofgastein damals zum einen sehr berühmt – und zum anderen ganz schön übel dran gewesen sein.

Genauso war es auch: Seine einstige Bedeutung verdankt Hofgastein seiner Lage an einem der bis zum Beginn des Neuzeit wichtigsten Säumer- und Verbindungswege nach Süden. Im 16. Jahrhundert wurde das florierende Handels- und Verwaltungszentrum auch kaiserlicher Gerichtssitz. Die Zeitgenossen nannten Hofgastein damals »Die Goldene Stadt«, was durchaus auch mit dem echtem Gold zu tun hatte, das hier (wie im benachbarten Rauriser Tal) abgebaut wurde. Als dann die Goldquellen, im übertragenen wie im echten Sinn, zur Neige gingen, blieb den unversehens zur wirtschaftlichen wie zur politischen Bedeutungslosigkeit verdammten Hofgasteinern zunächst nichts übrig, als neidisch auf den seit dem 18. Jahrhundert jäh erblühenden Nachbarort Bad Gastein zu schauen.

Inzwischen, nachdem weitere 250 Jahre vergangen sind, ist schwer zu sagen, wer im Dauerwettbewerb der Gasteiner Lokalrivalen auf die Dauer den kürzeren ziehen wird. Im Winter jedenfalls florieren beide Gasteins als Touristenmagnete – schneetouristisch kommt halt fast alles auf die Betten- und Liftkapazitäten an, und kaum etwas auf den eigenständigen Ortscharakter. Wie der Ski- und der Bädertourismus den zugrunde richten kann – dafür liefert das heutige Bad Gastein ein hyperbizarres Beispiel. Spektakulärer noch als in St. Moritz, mit dem sich Gastein lange Zeit als Nobelurlaubsort vergleichen ließ, wurden die großen Hotelanlagen hier vorwiegend in die Höhe gebaut – anders war ja kein Platz zwischen und auf den beiden Steilufern der Gasteiner Ache, die noch heute als wilder Wasserfall mitten durchs Ortszentrum donnert.

Da bleibt nur die Flucht durchs Tal zurück nach Dorfgastein, das immer noch zu Recht so heißt. Im Winter ist auch hier allerhand los, wenngleich wesentlich weniger als in Bad Gastein oder Hofgastein; doch den ganzen Sommer über präsentiert sich Dorfgastein als eher verpenntes und, ehrlich gesagt, auch nicht übertrieben schönes Kuhdorf. Wobei die meisten der Kühe, die hier gemolken werden, mittlerweile gern in Omnibussen oder im eigenen Auto anreisen...

Ein ganz besonderes Phänomen verbindet nicht nur die drei Gasteins, sondern nahezu alle Orte des Pongau miteinander: das Perchtentreiben. Abwechselnd im Gasteiner Tal, in Bischofshofen, Altenmarkt und St. Johann im Pongau ziehen an Dreikönig die Pongauer Perchten durchs Land. Über die ursprüngliche Herkunft des Brauchs streiten die Experten ebenso wie über die Bedeutung der verschiedenen Perchten. Sicher ist nur: Es handelt sich um zaubermächtige und schon darum auch unheimliche heidnische Frauen – was nichts daran ändert, daß sie in den traditionellen Perchtenläufen nur von Männern verkörpert werden dürfen.

Dargestellt werden die Perchten durch riesige hölzerne Masken; in ihrer Begleitung treibt sich regelmäßig eine ganze Reihe von altheidnischen Schreckensgestalten herum: Hexen und Hexer, wilde Waldmänner und Rößlreiter und, besonders schlimme Kinderschrecks, die in echte graue Flechten gehüllten »Baumwercha«. Die Perchten als solche, die dem winterlichen Spuk seinen Namen gegeben haben, teilen sich in »scheane« und »schiache« Perchten, also schöne und weniger schöne. Die letzteren tragen Fellmäntel, geschnitzte Teufelsfratzen und Widder- oder Stirnhörner (es gibt auch mit ganzen Geweihen ausgestattete »Wildperchten«), während sich –

Schönheit muß nun einmal leiden – die »scheanen« Perchten mit gigantischen, aus zwei bis drei übereinandergetürmten Quadratgestellen bestehenden Kopfbedeckungen abzuplagen haben, die zudem noch durch Bänder, Blumen, Spiegel und anderes Glitzerwerk geschmückt sind; das Gewicht einer einzelnen Perchtenkappe beträgt bis zu fünfzig Kilo.

Das alles ist natürlich Jahr für Jahr auch eine große Touristengaudi, mit Betonung allerdings auf auch. Will sagen: Die Pongauer selbst nehmen ihre Perchtentradition durchaus Ernst, bis auf den heutigen Tag. Was aber ist das denn für eine Tradition? Eine wilde und wüste oder doch eher eine heiter-fromme? Erschöpfend beantworten läßt sich diese Frage nicht, dafür geht beides zu sehr ineinander über. Und das liegt an der uralten Geschichte der Perchtenläufe: Zwar war die germanische Perchta, der dieser Kult ursprünglich gewidmet war, eindeutig eine segenbringende Lichtgestalt. Doch eben in dieser Eigenschaft, als Heidengöttin, mußte sie den christlichen Missionaren, als die schließlich auch in die Täler des Pongau vorgedrungen waren, durchaus verdächtig vorkommen. Deswegen galten sie und ihre Anbeter nun als Repräsentanten finsterer Mächte, die beim Perchtenlauf eben nicht verehrt, sondern vertrieben wurden. Immer wieder sind die Perchtenläufe auf Druck von Kirche und Obrigkeit verboten worden – und suchten sich bei den Zensoren lieb Kind zu machen, indem sie auch Figuren aus der christlichen Dreikönigsüberlieferung, wie etwa den mittlerweile festintegrierten König Herodes, bei ihren Umzügen mitlaufen ließen.

Der Gerechtigkeit halber sei gesagt: Die Perchten treiben nicht nur im Pongau, sondern auch anderswo im Salzburger Land ihr Unwesen. So findet, ebenfalls am Vorabend von Dreikönig, im Rauristal der Lauf der Schnabelperchten statt, in Stuhlfelden und Unken im Pinzgau tanzen zur gleichen Zeit die Tresterer, die ihren Namen dem Vorgang des Dreschens verdanken. Früher bedeutete das harte Hand- beziehungsweise Fußarbeit: Trestern war das Mundartwort für »Getreide treten«. Das geschah auf sogenannten »Stampfplätzen«, und gestampft wurde nach markanten Rhythmen. Waren die Tanzvergnügen der Tresterer am Ende Vorfahren unserer Techno-Discos?

Im Lungau – »Wo's d'hinschaust, nix als Berg«

Daß es hier oft so saukalt ist, hat mit der Höhe zu tun. Tamsweg, zum Beispiel, liegt stolze 1020 Meter über dem Meeresspiegel: Kein Wunder, daß der Hauptort des Lungau auch der Kältepol Österreichs genannt wird. Den kleinsten der Salzburger Gaue deswegen zu meiden, wäre dennoch nicht nur bei Inversionswetterlagen, wenn die Luft unten kalt und oben warm ist, ein arger Fehler.

Andererseits ist es gar nicht so leicht, den Lungau nicht zu meiden. Lange Zeit kam man nur über eine einzige Straße, vom steirischen Predlitz aus, hierher; gegen das Salzburger Land hin, zu dem sie doch seit dem Mittelalter gehört, war die gesamte Hochebene verkehrstechnisch vollkommen abgeschnitten. Und auch wenn mittlerweile die Tauernautobahn hindurchführt, ist der Lungau bis heute eine Welt für sich geblieben.

»Wo's d'hinschaust, nix als Berg«, sagen die Leute hier. Und recht haben sie: Im Westen begrenzen die Hohen und im Norden die Niederen Tauern den Lungau (wer einmal die bemerkenswert einsamen Gipfel und Hütten der letzteren erwandert hat, wird das Adjektiv »nieder« allerdings nur noch mit einem wissenden Lächeln gebrauchen), im Süden ragen die noch einsameren Gurktaler Alpen empor. Nur gegen Westen hin, wo die Mur hinter Ramingstein in die nahe Steiermark hinüberfließt, tut sich zwischen den sanfteren Wald- und Wiesenbuckeln eine Lücke auf.

Soweit der einfache geographische Überblick. Wer indes meint, unter diesen Umständen sei es ja wohl ziemlich leicht, sich im Lungau zu orientieren, unterschätzt diese Gegend gewaltig. So wenig Straßen nämlich in den Lungau hineinführen, so viele Straßen und Wege und Wegerl (von unzähligen Langlaufloipen zu schweigen) verbinden die Lungauer Ortschaften und Gipfel und Hochalmen und Berghütten untereinander. Zumindest einen Abstecher lohnen die allermeisten von ihnen: Die von einer Wehrmauer umgebene Wallfahrtskirche Sankt Leonhard über Tamsweg etwa, ein rares und dazu besonders schönes Beispiel alpenländischer Spätgotik, die märchenhaft den Wäldern über Unternberg entragende und unglaublicherweise dennoch waschechte Mittelalter-Burg Schloß Moosham, mit schauriger Folterkammer, versteht sich – und wieder einer gotischen Schloßkapelle (der Bayernkönig Ludwig II. wäre vor Neid erblaßt), die wunderschön oberhalb zweier kleiner Bergseen gelegene und obendrein freundlichst bewirtschaftete Landawiersee-Hütte, die man nach so langer wie abwechslungsreicher Wanderung von Mariapfarr über den Arnoweg erreicht, mitten im Herz der Niederen Tauern, und und und …

Doch egal, wo und wie man im Lungau unterwegs ist, zu Fuß, per Fahrrad oder mit dem Auto, ohne genaue Karten (Navigationssysteme kapitulieren ja meistens da, wo die Gegend am schönsten wird) läuft man hier schnell Gefahr, sich zu verirren. Onkelhaftes Reiseführergequatsche, denken Sie nun. Aber wußten sie auch, daß der Lungau die einzige Region auf der Erde ist, in der es die Teilnehmer einer mit internationalen Profis besetzten Radrundfahrt geschafft haben, vom richtigen Weg abzukommen? So geschehen im Juni 2001, als während der sechsten, eben durch den Lungau führenden Etappe der Österreich-Rundfahrt (einer Art von ostalpinem Tour-de-France-Pendant) die Fahrer des Hauptfeldes kurz hinter Sankt Michael die Tourroute verfehlten, auf der weit vor ihnen acht offenbar besser informierte Ausreißer dem Ziel entgegenkeuchten und dabei immer ungläubigere Blicke zurückwarfen: Es kam einfach kein Verfolger in Sicht. Gemeinerweise, jedenfalls aus Sicht der Ausreißer, wurde die Etappe anschließend aus der Wertung genommen, offenbar nach der Devise: Wenn einer sich im Lungau verfährt, liegt's nicht an ihm selbst, sondern an der Landschaft. Wie gesagt: Wo's d'hinschaust, nix als Berg.

Zwei Wochen vor der Österreich-Tour, nämlich Anfang Juni, fand damals und findet bis heute in St. Michael wie in vielen anderen Lungauer Orten ein ganz anderes Spektakel statt, dessen Hauptteilnehmer schon deswegen nicht in Gefahr geraten, den Überblick zu verlieren, weil sie allesamt zwischen sechs und acht Meter groß sind. Die Riesenfiguren, die – jeweils von zwei Zwergen begleitet – bei den alljährlich an Fronleichnam stattfindenden Samsonumzügen mitgetragen werden, sind ähnlich wie die schon beschriebene Wunderquelle bei Maria Elend wieder so ein Beispiel der Vermischung von kirchlichem Kult und heidnischer Magie. Zum einen erinnern sie an die mythischen

Riesengötter, deren Macht vor allem die Gebirgsvölker der Vorzeit häufig fürchteten; und zum anderen zeigt sich anhand der Samsonumzüge besonders deutlich, daß die heutigen katholischen Fronleichnamsprozessionen im Grunde nichts anderes sind als die Fortführungen der einst in jedem Frühjahr stattfindenden kultischen Flurumgänge.

Natürlich locken die Lungauer Samsonprozessionen mittlerweile auch schaulustige Touristen an, zumal sich die verschiedenen Gemeinden bei der Herstellung besonders imposanter Samsonfiguren nach Kräften zu übertreffen pflegen und »ihren« Samson, wenn sie erst einmal mit ihm zufrieden sind, aufs aufmerksamste hegen und pflegen. Der Samson von Tamsweg beispielsweise wurde schon vor knapp zweihundert Jahren in einer amtlichen Chronik erwähnt. Und wenn nicht gerade Fronleichnam ist, kann man die leuchtend bunt bemalte, 8,2 Meter hohe, 88 Kilo schwere (und doch während der Prozessionen von einem einzigen Mann getragene!) Figur im Tamsweger Heimatmuseum bewundern.

Einen anderen und mindestens ebenso spektakulären Brauch hat Tamsweg für sich allein: das Preberschießen. Nun gibt es erstens auf der ganzen Welt, zweitens im Salzburger Land und drittens im Lungau derart viele Schützenfeste, Preisschießen und dergleichen, daß es wenig Sinn macht, eines von ihnen besonders hervorzuheben. Trotzdem, das Preberschießen stellt etwas ganz Einmaliges dar, und nicht nur deshalb, weil es das einzige Schützenfest ist, dem eine nationale Post (im August 2001) hochoffiziell eine eigene Briefmarke widmete. Wo sonst wird bei einem Preisschießen nicht auf eine Scheibe, sondern auf einen See – Sie haben schon richtig gelesen: auf einen See! – gezielt?

Dabei handelt es sich aber nicht um eine unkonventionelle Art des Fischens, bei dem die Angel einfach durchs Gewehr ersetzt wird. Die Lungauer sind keineswegs verrückt; wohl aber sind sie, wie sie selbst sagen würden, ziemlich »hinterkünftig«. Dieses schöne Wort bezeichnet eine Eigenart, die vor allem Feriengäste aus nördlicheren Breiten beim Versuch der Kommunikation mit der einheimischen Bevölkerung immer wieder in Verzweiflung geraten läßt: die Fähigkeit, um die Ecke zu denken. Beim Schützenfest am Prebersee, das Jahr für Jahr am letzten Augustwochenende stattfindet, treiben die Lungauer diesen Charakterzug auf die Spitze, indem sie nicht nur um die Ecke denken, sondern auch um die Ecke schießen. Es kommt dabei, wie im Billard (und manchmal auch wie im richtigen Leben), nur auf die richtige Einstellung an, respektive auf den richtigen Einfallwinkel. Wenn der stimmt, dann prallen die nicht auf die Schützenscheiben, sondern auf deren Spiegelbilder im Wasser gezielten Kugeln so von der Seeoberfläche ab, daß sie zu guter Letzt doch noch paßgenau im Ziel landen.

Übrigens, auch wenn die schon für sich sehenswerte hölzerne Ufer-Schießbude noch nicht auf- oder schon wieder abgebaut wurde, ist der oberhalb von Tamsweg malerisch im Wald versteckte Prebersee ein wunderbares Ausflugsziel, egal, ob man um ihn herumspaziert (das ist, inklusive Genußrast, in einer guten halben Stunde getan), in ihm badet oder sich im nahen Berggasthaus *Ludlalm* an die Erkundung der einheimischen Küchentradition macht.

Ursprünglich war es zwar nicht gerade eine Arme-Leute-, aber doch eine simple Alm- und Bauernküche, die hier wie überall im Salzburger Land den Speisezettel regierte. Kluge Köche, auch solche, die mittlerweile mit Sternen und Hauben ausgezeichnet wurden, pflegen eben diese Tradition weiter, natürlich nicht, ohne sie hier und da möglichst elegant zu veredeln. Das beste Beispiel dafür kann man auch auf der Ludlalm probieren: den aus dem höchst frugalen Schmarrn (dem aus Milch, Mehl und Wasser zusammengekochten Alltagsgericht der Sennerinnen und Senner) entwickelten »Rahmkoch«, zuweilen auch »Lungauer Marzipan« genannt, auch wenn er mit wirklichem Marzipan allenfalls die Kalorienfülle gemein hat. Wer den geradezu gemein verführerischen Rahmkoch selbst produzieren will, braucht viel Geduld, ein Pfund langsam zerlassene Butter, in die erst nach und nach ein Bröselbrei aus einem Pfund Mehl und einem Viertelliter süßer Sahne und, nachdem diese Mischung eine Stunde auf ganz kleinem Feuer vor sich hingeköchelt hat, noch einmal ein halbes Pfund Zucker eingerührt wird. Dann noch einmal fünfzehn Minuten weiterkochen und weiterrühren, Rosinen sowie, je nach Gusto, mit Zimt, Anis und Rum abschmecken, vom Feuer nehmen, sehr tief Luft holen und das Ganze unter heftigen Entzückensschreien aufessen.

Eine tragende Rolle in vielen einheimischen Gerichten spielt der weit über die Grenzen der kleinen Gebirgsregion hinaus bekannte und verehrte Lungauer Eachtling, eine ganz spezielle und vorwiegend in Bio-Betrieben angebaute Kartoffelsorte. Deren Existenz ist schon deswegen erstaunlich, weil die Kartoffel als solche nicht gerade zu den traditionellen Grundlagen der europäischen Gebirgsküchen zählt. Vor allem im südlicheren Teil der Alpen aßen die Bergbauern vor allem Mais; in den Salzburger und den bayerischen Gebirgsregionen spielten Getreide und Bohnen die Rolle von überlebenswichtigen Sattmachern. So kamen auch die Lungauer erst im 19. Jahrhundert auf den Geschmack der Knolle.

Es gibt Genießer, die den Eachtling am liebsten pur essen, mit oder ohne Schale in Salzwasser gekocht, gebraten oder als Mus. Viel her macht er aber auch als Zutat in der außerdem mit Speck, Zwiebeln und geschnittenem Gemüse angereicherten Erdäpfelsuppe oder gefüllt mit einer Masse aus Eierschwammerln, Eachtlingmus, Petersilie und Sahne.

Doch auch bei anderen Gelegenheiten kommt der Eachtling zumindest als Beilage zu Ehren. So beim Schafaufbratl'n, was allerdings kein Gericht ist, sondern eine Tätigkeit, Schafe (auf)braten eben, und ein großes Lungauer Volksvergnügen dazu, begangen alljährlich im Herbst, wenn die Schafe von den Bergweiden wieder zurück in die heimatlichen Ställe getrieben worden sind. Nicht nur die *Ludlalm*, sondern praktisch jedes Lungauer Wirtshaus, das auf sich hält, veranstaltet dann ein kollektives Schafaufbratl'n.

Wir nehmen diese Gelegenheit wahr, um bei einem der erwähnten Meisterköche vorbeizuschauen, bei Gerhard Gugg in Mautendorf nämlich, der es im dortigen Mesnerhaus mittlerweile auf zwei Gault-Millau-Hauben gebracht hat. Gugg überrascht seine Esser gern mit so kapriziösen Erfindungen wie den mit schwarzem Risotto und Parmesan gefüllten Calamari mit gebackenen Ingwerstangen oder einer Kreation von Trottole-Nudeln, Blattspinat, Fischcarpaccio und Krensauce. Doch er kann sich eben auch ganz traditionell geben und sein eigenes Schafaufbratel'n veranstalten. Dann gibt's im Mesnerhaus ein »Lungauer Schöpsernes« mit Krenkoch und Preiselbeeren; die tollen Eachtling-Knollen werden dabei zusammen mit dem Lamm gebraten, und für den Krenkoch dazu, wieder so eine hochinteressante Lungauer Spezialität, werden in eine Suppe aus zwei Teilen Brühe und einem Teil Milch frischgeriebener Meerrettich und Semmelwürfel eingerührt.

Im Flachgau oder Das Henndorfer Gefühl

Das Beste zum Schluß? Sagen wir lieber: das Nächstgelegene am Ende. Jedenfalls ist der mit Abstand meistunterschätzte Teil des Salzburger Landes zugleich der, den man als ersten erreicht, wenn man sich von Westen oder Norden oder Osten aus Richtung Salzburg bewegt. Vielleicht liegt's ja auch am zugegebenermaßen sehr öde klingenden Namen: »Flachgau«, das kann ja nichts besonderes sein.

Irrtum. »Wenn man mich damals gefragt hätte«, so der deutsche Schriftsteller Carl Zuckmayer, »wo das Paradies gelegen sei, so hätte ich ohne Zögern geantwortet: in Österreich, sechzehn Kilometer östlich von Salzburg, dicht beim Wallersee.« Und weil dieser Wallersee nicht der einzige See in der Umgebung ist, nennt die schlaue PR-Abteilung des Landes »Salzburg« den Flachgau seit langem nicht mehr Flachgau, sondern »Salzburger Seenland«. Was aber natürlich zu schlau ist. Salzburger Seenland, denken die Touristen nämlich, ja klar, das kennen wir: Mondsee,

Wolfgangsee, Attersee, Traunsee – wunderbar, da wollten wir doch sowieso hin!

Und auf diese Weise bleibt die Gegend nördlich von Salzburg zwar nicht gerade ein Geheimtip, aber doch relativ ungeschoren von den Exzessen des Fremdenverkehrs, die einem an den prominenteren Touristentreffpunkten des Salzkammerguts durchaus die gute Laune verhageln können. Wahr ist, die Alpen im engeren Sinne liegen vom Flachgau ein paar Dutzend Kilometer weiter entfernt als vom Süden des Salzburger Landes. Um so bessere Dienste leisten sie hier als Hintergrundpanorama, ganz gleich, auf welchem der vielen lieblichen Hügel oder etwas rauheren Vorberge des gar nicht so flachen Flachgaus man seinen Beobachtungsposten gerade aufgeschlagen hat.

Anders aber als in den von jähen Berg- und Talstrukturen und von kleinteiligen Landschaften geprägten südlicheren Gauen stellt sich hier fast überall der beruhigende Eindruck einer von Wäldern und Feldern, von Bauernwiesen, stillen Dörfern und vor allem von viel Wasser geprägten Weite ein. Oben im Norden des Flachgaus liegt das durch kleine Kanäle verbundene Trio Graben-, Matt- und Obertrumer See, im Osten (und schon ein paar Kilometer hinter der Bundesländergrenze zwischen Salzburg und Oberösterreich) der zuweilen auch »Zeller See« genannte Irrsee, und im stadtnahen südlichen Flachgau schließlich der Wallersee mit den Uferorten Seekirchen und eben jenem Henndorf, in dem Carl Zuckmayer 1926 seine geliebte Wahlheimat fand.

»Wo ist man daheim? Wo man geboren wurde oder wo man zu sterben wünscht?« fragt Zuckmayer vierzig Jahre nach seiner Übersiedlung in den Flachgau in seiner Autobiographie ›Als wär's ein Stück von mir‹ – und gibt gleich selbst die Antwort: »Damals glaubte ich es zu wissen: es war der Ort Henndorf bei Salzburg, genau gesagt das Haus Wiesmühl.« Gekauft hatte Zuckmayer dieses Anwesen 1926, und bezahlt hatte er es mit den ersten Tantiemen seines Theaterstücks ›Der fröhliche Weinberg‹. Kaum zu glauben aus heutiger Sicht, wieviel Geld deutsche Schriftsteller vor achtzig Jahren noch verdienten, ganz ohne Verkauf von Auslandsrechten, Taschenbuch- und Filmoptionen. Aber wahr: Als er nach dem Erfolg seines Stücks sämtliche Schulden bezahlt hatte und überdies von all seinen Freunden erfolgreich angepumpt worden sei, so berichtete Zuckmayer selbst, hatte er zu seinem Erstaunen »immer noch Geld – mehr als man in der Tasche tragen konnte.« Andererseits, arme Dichter gab es auch damals, und einen davon, den österreichischen Lyriker Richard Billinger, lud Zuckmayer in seiner Verschwenderlaune damals zu einem Urlaub auf der Ostsee-Insel Hiddensee ein. Dort gab's gesunde Seeluft, aber auch jede Menge Sauwetter. So ist er halt, der rauhe germanische Norden, und nichts können wir Germanen deshalb leichter nachvollziehen als die betörenden Phantasien, die Billinger in Zuckmayers Hirn auslöste, als er in einer stürmischen Ostseenacht von einer traumhaft schönen und schön gelegenen Mühle im Salzburger Land zu erzählen begann, die obendrein gerade zum Verkauf stehe.

Was wäre die schönste Landschaft ohne die Dichter, die sie zu rühmen wissen? Beziehungsweise, genauer gefragt: Sind es nicht die hingerissenen Reden und Texte der Dichter, durch die Landschaften in unseren Augen überhaupt erst schön werden? Und nachdem wir uns allmählich dem Ende dieses Buches zubewegen, können wir diese Frage getrost auch an Sie, verehrte Leserin und verehrter Leser, weitergeben: Warum sind Sie eigentlich nicht spornstreichs hineingefahren ins Salzburger Land und haben einfach Ihre Augen und Ihr Herz aufgemacht? Wieso, zum Teufel, brauchen Sie denn dazu ein Buch?

Doch keine Angst – soweit wollen wir's nicht einmal am Schluß treiben, daß wir unseren Lesern und uns selbst den Boden unserer gemeinsamen Reise durchs Salzburgische entzögen. Auch Phantasie darf und will ja angeregt, auch Neugier geweckt werden. Da erging es Zuckmayer selbst, der später so viel zum literarischen Lob der Gegend um Henndorf und den Wallersee beigetragen hat, nicht anders: Noch bevor er an Ort und Stelle war, mußte auch seine Begeisterung erst einmal entfacht werden. Wie gut also für ihn, für Henndorf und für uns heutige Flachgau-Touristen, daß der Eigentümer jener Mühle, der Gastwirt Carl Mayr, schon Beziehungen zu Billinger und anderen Literaten unterhielt, bevor sich der berühmte Zuckmayer an ihn wandte.

Billingers Schilderung der »Wiesmühle« wirkte offenbar unwiderstehlich. Wobei Schilderung vielleicht nicht das richtige Wort ist: »Er beschrieb«, so Zuckmayer, »die Mühle und ihre Umgebung so poetisch, so verwunschen, so märchenhaft, daß man sie nie danach hätte erkennen, geschweige denn finden können, und alle exakten Angaben über Lage, Größe, Beschaffenheit waren restlos falsch.« Dennoch: »Je mehr er sprach, desto verlockender schien uns der Besitz.« Ist da also der eine Dichter bloß auf die Schwärmereien des anderen hereingefallen? Aber nein doch. Er habe ganz genau gespürt, schreibt Zuckmayer weiter, »daß Billingers Schilderung, obwohl nichts von seinen Angaben korrekt war, doch im Grunde einer echteren Wirklichkeit entsprach«. Kein Wunder, daß Zuckmayers spätere und vielzitierte eigene Beschreibung jener echten Henndorfer Wirklichkeit dann sämtliche Schwärmereien Billingers mit ganzen fünf Worten weit in den Schatten stellte: »Einmal gelebt, wie im Paradiese!«

Lokaltermin in Henndorf 2005: Beides läßt sich bis heute nachvollziehen – Zuckmayers Paradiesgefühle, aber auch die Differenz zwischen Phantasie und Realität. Es beginnt schon damit, daß es gar nicht so leicht ist, die Wiesmühle zu finden. Die kleine Straße, an der sie liegt, heißt heute Zuckmayerweg – bloß, wie kommt man da hin? Der kleine Henndorfer Ortsplan, den wir im Fremdenverkehrsamt von Seekirchen ergattert haben, zeigt uns: Der Zuckmayerweg schlängelt sich vom Ortszentrum aus über die mal mehr, mal weniger steil zum Wallersee hin abfallenden Hänge. So weit, so gut – doch wo genau fängt der Weg an? Es braucht eine ganze Reihe von Fehlversuchen, bis wir endlich herausfinden: Den Zuckmayerweg erreicht man von der durch Henndorf führenden Bundesstraße aus über einen kleinen Parkplatz, der sich – kommt man von Salzburg her – noch vor der eigentlichen Ortsmitte befindet; von dort aus führt er hinter dem *Caspar Moser Bräu* und dem Rathaus hinunter zum Mühlbach und zum Anwesen Zuckmayerweg 25, eben der Wiesmühle.

Ausgeschildert ist der Weg hierhin bemerkenswert unauffällig, und an der Wiesmühle selbst fehlt, vielleicht um allzu neugierige Passanten abzuschrecken, gar jeder Hinweis auf deren berühmten Voreigentümer. Ein wenig hat uns der mühsame Suchvorgang ans Waggerlhaus in Wagrain erinnert – im Salzburger Land haben sie offenkundig etwas übrig fürs Dichterverstecken … Wer sich's einfacher machen will, kann sich zu einer der geführten Zuckmayer-Touren anmelden, die der Henndorfer Tourismusverband zumindest während der Saison regelmäßig veranstaltet.

Steht man endlich vor der Wiesmühl selbst, wundert man sich erst einmal. Nicht daß einem das Anwesen nicht gefiele, so wie es sich behäbig am Rand der Auwiesen des Mühlbachs ausbreitet. Andererseits, Bach und Auen liegen in einem Tal – ein ganz winziges Tal nur, aber immerhin so groß, daß die Talhänge von der Wiesmühl aus den Blick auf den nahen See im Norden ebenso verwehren wie den auf die fernen Berge im Süden. Ein Idyll, gewiß, aber ein schon sehr in sich abgeschlossenes.

Aber vielleicht müssen die wahren Idyllen ja so sein. Jederzeit nachvollziehbar ist jedenfalls: Hier läßt es sich ebenso ungestört arbeiten wie entspannen. In der Wiesmühl schrieb Zuckmayer seine erfolgreichsten Stücke, so den ›Schinderhannes‹, den ›Hauptmann von Köpenick‹ und das Drehbuch zu seinem nicht nur damals aufsehenerregenden Film ›Der blaue Engel‹, das dennoch Zuckmayers unbekanntestes Werk geblieben ist: Alle Welt nahm und nimmt ja bis heute an, der Autor der Romanvorlage ›Der Untertan‹, Heinrich Mann, habe selbstverständlich auch das Drehbuch geliefert.

Aber auch Gäste kamen immer wieder gern in die Wiesmühl. Darunter haufenweise Zwanziger-Jahre-Prominenz: die durch ihre Rolle im ›Blauen Engel‹ schnell berühmt gewordene Marlene Dietrich und ihre Schauspielerkollegen Hans Albers und Emil Jannings zum Beispiel, Schriftstellerkollegen wie Franz Werfel, Joseph Roth, Thornton Wilder, Stefan Zweig oder Erich Maria Remarque. Sogar Max Reinhardt suchte, wenn ihm seine eigenen Gastgeberverpflichtungen über den Kopf wuchsen, gelegentlich Zuflucht in der Abgeschiedenheit der Wiesmühl.

Doch auch dieser Idylle war nur kurze Dauer beschieden. Schon seit dem Machtantritt der Nationalsozialisten 1933 waren Zuckmayers Werke in Deutschland verboten; und als Hitler 1938 in Österreich einmarschierte und die SS die Wiesmühl durchsuchte, soll Zuckmayer sich über den Balkon des Hauses in Sicherheit gebracht haben. Auch wenn das möglicherweise nur eine Legende ist (der Autor floh schließlich per Bahn von Wien nach Zürich), so hat Zuckmayer in seinem Schweizer wie im amerikanischen Exil noch oft an Henndorf zurückgedacht: »Mein Herz hängt an diesem Haus im Dorfe. Nicht weil es mir gehört hat, sondern weil ich ihm gehört habe, ihm und dem Grase und dem rauschenden Wasser.«

Eine gute Idee ist es, jenem rauschenden Wasser des Mühlbachs noch weiter hinunter auf seinem Weg in den Wallersee zu folgen. Man spaziert dabei noch eine Weile durch die Auwiesen, erreicht bald eine größere, noch immer in Betrieb befindliche Sägemühle und gelangt schließlich über die Verbindungsstraße vom Dorf zum Seeufer ans gemütliche Henndorfer Strandbad. Gegenüber den nördlicheren Flachgauseen um Obertrum und Seeham ist das Henndorfer Seeufer ganz aus der Mode geraten, was wir nur mit einem stark weinenden Auge begrüßen: auch der gemütliche *Seewirt* hat den Wandel nicht überlebt. Das schöne alte Gasthaus steht leer, und weit und breit scheint sich kein neuer Betreiber zu finden. Was ja vielleicht kein Nachteil ist – die guten alten Zeiten lassen sich um so besser nachvollziehen, je weniger man versucht, sie künstlich neu zu installieren.

Vielleicht ist das auch Carl Zuckmayer klargeworden, als er 1970 noch einmal nach Henndorf zurückkehrte, um den Ehrenring der Gemeinde entgegenzunehmen. Gleichwohl bedankte er sich zwei Jahre später mit seinem Buch ›Henndorfer Pastorale‹ – nach wie vor eine der schönsten Reiselektüren, die einem mögliche Regentage während eines Besuchs im Flachgau verkürzen können.

Seiner »zweiten« Henndorfer Wohnung, nämlich dem Wirtshaus *Caspar Moser Bräu* hat Zuckmayer unter dem Titel ›Der Seelenbräu‹ sogar eine ausgewachsene Erzählung gewidmet. An dieser ehrwürdigen Institution, die nicht mehr so heißt, aber mit ihrer alten Holzvertäfelung verblüffenderweise noch immer so ausschaut wie zu Zuckmayers Zeiten, läßt sich wieder einmal studieren, wie alles mit allem zusammenhängt in Salzburg und im Salzburger Land. Bruder des früheren Henndorfer Wirts Carl Mayr war nämlich jener berühmte Sänger Richard Mayr, den wir im *Gablerbräu* an der Linzer Gasse in Salzburg schon kennengelernt haben. Und wie der Salzburger Mayr seine Musikerkollegen zu Gast bat, kümmerte sich der Henndorfer Mayr – der Sinn fürs Höhere steckte dieser Wirtsfamilie ganz offenbar im Blut – hingebungsvoll um die Dichter seiner Zeit, denen er, wenn sie es wie Richard Billinger oder der junge Ödön von Horváth nötig hatten, jederzeit freie Kost und Logis gewährte. Bis heute wird im *Caspar Moser Bräu* eine sogenannte Original-Zuckmayer-Jause serviert: Bauernspeck, Salami, Käse und frisches Schwarzbrot, dazu einen Obstler und ein kühles Bier, das allerdings längst nicht mehr, wie in jenen Tagen, auch hier gebraut wird.

Wirklich nachvollziehen können wir das paradiesische Henndorfer Gefühl des Carl Zuckmayer ohnehin erst, wenn wir den Ort selbst in südlicher Richtung verlassen und auf den Spuren des Dichters zuerst zum Ausflugsgasthof *Stallerwirt* und von dort über bewaldete Abhänge auf seinen (und Henndorfs) Hausberg Zifanken bummeln. Kurz unterhalb von dessen Gipfel stoßen wir auf den allerschönsten Fleck im ganzen Flachgau, die weite, von einem kleinen Bachlauf durchflossene und von malerischen Baumgruppen umsäumte Zifankenwiese. Arm dran, wer hier nicht genug Zeit hat, sich einfach nur ins Gras zu legen und eine Weile vor sich hin zu träumen, um mit Zuckmayer zu spüren: Was du hier siehst, »wirst du immer haben, das kann dir keiner wegnehmen. Das innere Bild bleibt.«

Droben auf dem Zifankengipfel erweitert sich die Henndorfer Idylle endgültig zum Garten Eden mit Aussicht, auf Salzburg, den Untersberg und das Alpenpanorama in der einen Richtung, den Wallersee und all die anderen Seen, Wiesen und Felder des Flachgau in der anderen.

Doch auch wenn die Anwesenheit all der genannten Künstler der Gegend einst zur Popularität verhalf – heute hat sie es gar nicht mehr nötig, damit noch Reklame zu machen. Der Flachgau, insofern trügt sein Name, ist längst dabei, sich zum gewichtigsten Teil des Salzburger Speckgürtels zu entwickeln. Wie Zuckmayer schon sagte: Dieses Paradies ist nur sechzehn Kilometer von der Stadt entfernt.

Mit anderen Worten: Die Salzburger S-Bahn führt demnächst direkt ins Paradies.

Bereits erschienen:
Gebrauchsanweisung für...

Amerika
von Paul Watzlawick

Amsterdam
von Siggi Weidemann

Barcelona
von Merten Worthmann

Bayern
von Bruno Jonas

die Bretagne
von Jochen Schmidt

China
von Kai Strittmatter

Deutschland
von Maxim Gorski

Dresden
von Christine von Brühl

das Elsaß
von Rainer Stephan

England
von Heinz Ohff

Florenz
von David Leavitt

Frankreich
von Johannes Willms

Genua und die Italienische Riviera
von Dorette Deutsch

Griechenland
von Martin Pristl

Hamburg
von Stefan Beuse

Irland
von Ralf Sotscheck

Italien
von Henning Klüver

Japan
von Gerhard Dambmann

Kalifornien
von Heinrich Wefing

Köln
von Reinhold Neven Du Mont

London
von Ronald Reng

01/0002/02/L

München
von Thomas Grasberger

New York
von Verena Lueken

Paris
von Edmund White

Polen
von Radek Knapp

Portugal
von Eckhart Nickel

Rom
von Brigitte Schönau

das Ruhrgebiet
von Peter Erik Hillenbach

Salzburg und
das Salzburger Land
von Adrian Seidelbast

Schottland
von Heinz Ohff

die Schweiz
von Thomas Küng

Sizilien
von Constanze Neumann

Spanien
von Paul Ingendaay

Südengland
von Elke Kößling

Südfrankreich
von Birgit Vanderbeke

Südtirol
von Reinhold Messner

Sydney
von Peter Carey

Tibet
von Uli Franz

die Toskana
von Barbara Bronnen

Tschechien und Prag
von Jiří Gruša

die Türkei
von Iris Alanyali

Venedig
von Dorette Deutsch

Wien
von Monika Czernin

01/0002/02/R

PIPER

Christine von Brühl
Gebrauchsanweisung für Dresden

176 Seiten. Gebunden

Dresden ist gleich nach München und Berlin die Stadt, in der die meisten Deutschen gerne leben würden. Was macht das Barockjuwel mit seinen geputzten Sandsteinhäusern so attraktiv? Christine von Brühl, direkte Nachfahrin des Ministers unter August dem Starken und Erbauers der Brühlschen Terrasse, spürt Dresdens Highlights nach: den Alten Meistern in den Museen und den besten Kneipen in der Äußeren Neustadt, wo Erich Kästner aufwuchs, der Rezeptur des einzig wahren Stollens sowie den vielfältigen Geheimnissen des Sächsischen zwischen Dialekt, Tonart und Gesang. Sie verrät, was es mit der »Zitronenpresse« auf sich hat und warum »Pfunds Molkerei« zurecht zum schönsten Milchladen der Welt gekürt wurde. Und sie lädt uns in das Umland ein: nach Meißen mit seinem Weißen Gold, auf die Kletterrouten im Elbsandsteingebirge, nach Pillnitz, Moritzburg und Radebeul, wo die echten Indianer zu Hause sind.

01/1497/01/R